0・1・2歳児の
イラスト＆文例集

阿部直美　監修

ひかりのくに

0・1・2歳児のカラーイラスト

メッセージカード

P002-01

P002-02

P002-03

P002-04

P002-05

P002-06

P002-07

P002-08

P002-09

P002-10

P002-11

P002-12

マルチペーパーカード

color ▸▸▸ P003

P003-01

P003-02

誕生日カード

P004-01

P004-02

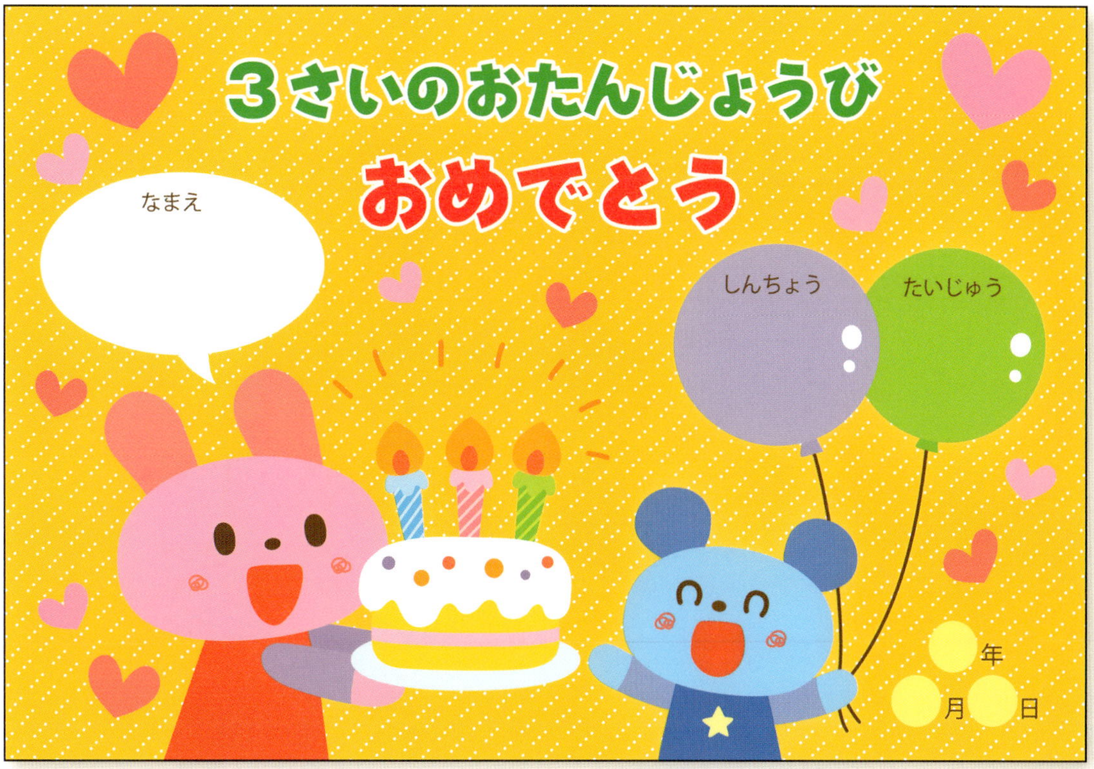

P005-01

P005-02

P005-03

P005-04

P005-05

P005-06

暑中見舞い

P006-01

P006-02

ヤッホー
げんきですか

P006-03

あつい日が
つづいていますね

P006-04

暑中お見舞い
申し上げます

P006-05

年賀状

color ▸▸▸ P007

P007-01

迎　春

P007-03

A HAPPY
NEW YEAR

P007-04

本年も
よろしくお願い
いたします

P007-05

P007-02

ワンポイントマーク

color ▸▸▸ P008

P008-01

P008-02

P008-03

P008-04

P008-05

P008-06

P008-07

P008-08

P008-09

P008-10

P008-11

P008-12

P008-13

P008-14

P008-15

P008-16

P008-17

P008-18

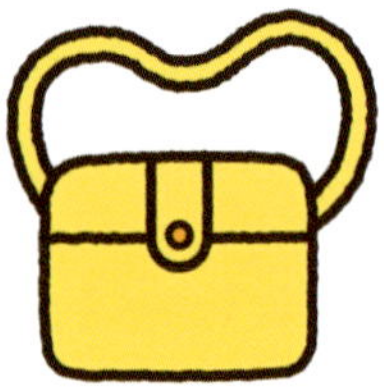
P008-19

P008-20

P008-21

P008-22

P008-23

P008-24

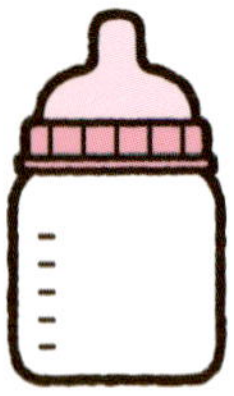
P008-25

P008-26

P008-27

P008-28

P008-29

P008-30

P008-31

P008-32

P008-33

P008-34

P008-35

P008-36

目次& CD-ROM 構成

目次

CD-ROM の構成

- 012illust
  - color（カラーページ） ― P002 ～ P008
  - otayori（月のおたより）
    - 04gatsu ― P012 ～ P017
    - ～
    - 03gatsu ― P078 ～ P083
  - keisen（シンプルケイ線） ― P084
  - seikatsu（乳児の生活）
    - haisetsu（排せつ） ― P086 ～ P087
    - tyakudatsu（着脱） ― P088 ～ P089
    - suimin（睡眠） ― P090 ～ P091
    - syokuji（食事） ― P092 ～ P093
    - seiketsu（清潔） ― P094 ～ P095
    - anzen（安全） ― P096 ～ P097
    - byouki（病気・けが） ― P098 ～ P099
    - kenshin（検診） ― P100 ～ P101
    - hyoujyou（表情・日常生活） ― P102 ～ P103
    - mawari（身の回りのもの） ― P104 ～ P105
  - kakimoji（描き文字フォント） ― P106 ～ P107

- CD-ROM の使用に際しては P108 をご覧ください。
- CD-ROM 内では、ファイル及びフォルダ名は、数字順またはアルファベット順に並んでいます。ご了承ください。
- 各ページのフォルダの中に、「P000-00」というファイル名でテンプレート、イラスト、文例が入っています。

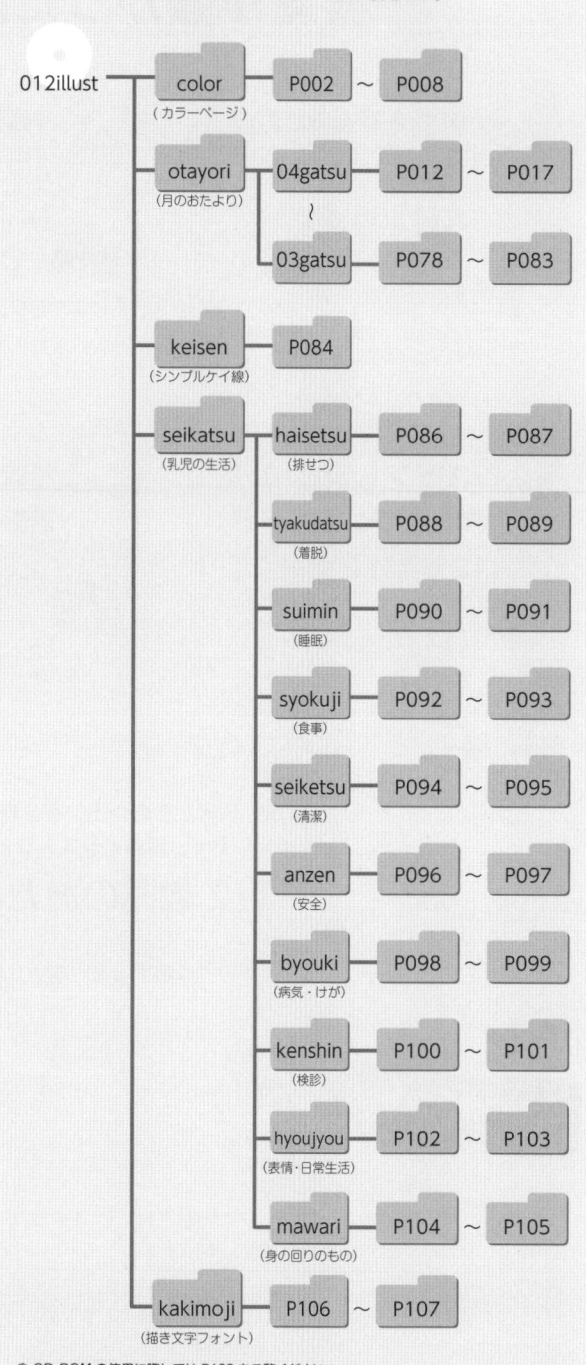

本書の特長と使い方

この本は…

保育現場へのアンケートから、要望が強かった内容を網羅しています!!

1 0・1・2歳児のためのイラスト1152点と文例356点を1冊に!!

アンケートの声
「0・1・2歳児のイラストや文例が少ないので困っています」

2 0歳児のイラストを3つの月齢区分で12か月分掲載!!

アンケートの声
「0歳児の月齢ごとのイラストがほしい」

3 健康・食育に関するイラスト・文例を毎月掲載!

アンケートの声
「健康や食育など専門知識が必要なことの情報がほしい」

4 ポイント解説つきのおたよりテンプレートが12か月分!

アンケートの声
「おたよりの実例や、ポイントが知りたい」

5 年齢別の連絡帳文例つき!

アンケートの声
「0・1・2歳児に欠かせない連絡帳用の文例もほしい」

6 生活に関する文例・イラストも豊富!

アンケートの声
「乳児の生活に関するイラストがほしい」

その他、現場からのいろいろな声におこたえして、毎月の豊富なイラストや文例、飾りケイ、タイトル文字、囲みイラストなどよくばりな内容満載! さらにカラーイラストも充実で…

0・1・2歳児のおたより作りを完全サポートします!!

本書の表示の見方

color ▸▸▸ P000 … 各ページに掲載されているイラストや文例、テンプレートを収録しているCD-ROM内のフォルダを表しています。

P000-00 … 掲載されているイラストや文例、テンプレートのCD-ROM内でのファイル名を表しています。

※お使いのパソコンの環境等によって、カラーイラストの色味やレイアウトなどが掲載されているものと多少異なる場合がありますのでご了承ください。

0・1・2歳児の各月別 イラスト&文例

毎月のおたより作りに役だつイラストや文例を、月ごとにまとめました。おたよりテンプレートもポイントとともに掲載！

4月

1年のスタート！ 安心を届ける内容を

POINT 月がはっきりわかるように、大きく書きましょう。

POINT 読みにくい名前にはふりがなを振って伝えましょう。

4月 クラスだより

○○園　○○組　○月○日発行　担任：○○・○○

春風が優しく吹き始め、サクラの花も満開です。１日もはやく、赤ちゃんと仲よしになって、春の日ざしのようなあったか～いクラスを作りたいと思っています。
初めて園にお子さんを預けるのは、ちょっと不安という方もいらっしゃると思いますが、私共も全力で赤ちゃんの育ちをサポートしたいと思っています。

行事予定

○日・・・身体計測
○日・・・クラス懇談会
○日・・・誕生会

4月生まれのおともだち

さとう　みわ　ちゃん
ねぎし　そうた　くん
よこた　ゆま　ちゃん

おねがい

○日に身体計測を行ないますので、当日は脱ぎ着のしやすい服がいいですね。また、名前を書いておいていただけると大変助かります。どうぞよろしくお願いします。

担任紹介

○山　○○美 先生

子どもがだーい好き、スポーツだーい好き、みんなで元気に遊ぼうね。張り切りパワーとニコニコスマイル、これが私のチャームポイントです。どうぞよろしくお願いします！

○町　○○江 先生

子どもだけでなく、おうちの方も、わからないこと、不安なことがありましたら、いつでも話しに来てください。
明るいクラス作りを目ざして、がんばります！

おしらせ

○日に、クラス懇談会を開きます。園でのようす、ご家庭でのようすなどをお話しできることを楽しみにしています。

心配しないでね

朝、おうちの方の手から私の手に赤ちゃんを預かるとき、泣きだすことがあります。これは人見知り……つまり、お母さんと、そうでない人との区別がつき始めためたからです。知恵が育っている証拠。どうか心配しないで預けてくださいね。

POINT 保護者にお願いをするときは、命令口調にならないように注意しましょう。

POINT おうちの方が安心できるように、子どものようすを具体的に書きましょう。

P012-01

3～6か月児

P012-02

P012-03

P012-04

P012-05

P013-01

P013-02

P013-03

7～9か月児

P013-04

P013-05

P013-06

P013-07

P013-08

P013-09

P013-10

10～12か月児

P013-11

P013-12

P013-13

P013-14

P014-01

P014-02

P014-03

1～2歳児

P014-04

P014-05

P014-06

P014-07

P014-08

P014-09

P014-10

誕生日

P014-11

P014-12

P014-13

P014-14

季節・自然

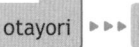

P015-01

P015-02

P015-03

P015-04

P015-05

P015-06

P015-07

飾りケイ

P015-08

P015-09

P015-10

P015-11

P015-12

P015-13

P015-14

P015-15

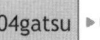

タイトル文字

4月生まれのおともだち

P016-01

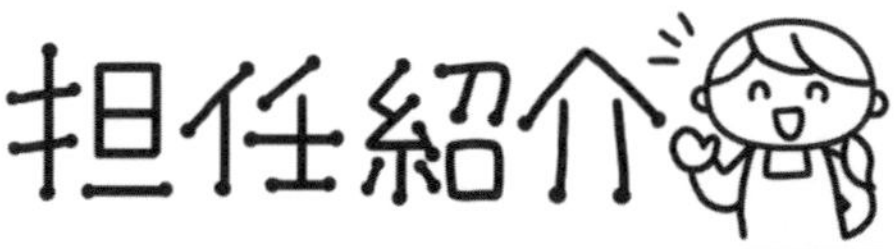
担任紹介

P016-02

クラスだより

P016-03

あかちゃんあ・そ・ぼ

P016-04

4月のうた

P016-05

みんななかよし

P016-06

囲みイラスト付き文例

もっと仲よし

園生活にも少し慣れたのでしょうか、「いないいないばあ」をするとにっこり笑ってくれるようになりました。赤ちゃんの笑顔に心がいやされ、保育者になってよかった…としみじみ思います。もっともっと赤ちゃんと仲よしになりたい私です。

4月の乳児

P016-07

心配しないでね

朝、おうちの方の手から私の手に赤ちゃんを預かるとき、泣きだすことがあります。これは人見知り……つまり、お母さんと、そうでない人との区別がつき始めたからです。知恵が育っている証拠。どうか心配しないで預けてくださいね。

4月の乳児

P016-08

のどが渇いたときは…

赤ちゃんは、おなかがすいたときだけでなく、のどが渇いたときも泣きます。そんなとき、園では湯ざましを与えるようにしています。「ミルクを与えたほうがよいのでは？」と思われますが、決められた量より多くミルクを与えるとカロリーが増え肥満のもとになるので注意が必要です。

食育

P016-09

赤ちゃん マッサージ

0歳の赤ちゃんは、オムツ替えのときに、両足を持って「のびのびー」と言いながら、ゆっくり軽く足を伸ばしてあげます。そして、足をなでなでマッサージすると、赤ちゃんはとても気持ち良さそうです。さするだけの簡単マッサージですが、赤ちゃんの五感を刺激します。

健康

P016-10

4月の文例

書き出し文例

初めて園にお子さんを預けるのは、ちょっと不安という方もいらっしゃると思いますが、私共も全力で赤ちゃんの育ちをサポートしたいと思っています。 P017-01

春風が優しく吹き始め、サクラの花も満開です。１日もはやく、赤ちゃんと仲よしになって、春の日ざしのようなあったか〜いクラスを作りたいと思っています。 P017-02

行事

懇談会 ○日に、クラス懇談会を開きます。園でのようす、ご家庭でのようすなどをお話しできることを楽しみにしています。 P017-03

おねがい ○日に身体計測を行ないますので、当日は脱ぎ着のしやすい服がいいですね。また、名前を書いておいていただけると大変助かります。どうぞよろしくお願いします。 P017-04

0歳

子ども １日のほとんどを眠って過ごしていますが、少しずつ手を口に持っていったり、手を開閉して物をつかむようなしぐさをしたりします。 P017-05

子ども つりメリーを回すと、ジーッと見つめるようになりました。周りの出来事をとても敏感に身体中で感じ取っています。 P017-06

食育 ミルクを飲み終わったら、赤ちゃんと胸を合わせるようにしてたてにだっこし、背中を軽くさすって「ゲップ」を出させます。このごろみんな「ゲップ」がじょうずに出せるようになりました。 P017-07

健康 赤ちゃんが泣かなくても、オムツが汚れていることもあります。できるだけこまめに、オムツがぬれていないか気をつけ、早めに交換してオムツかぶれをつくらないようにしましょう。 P017-08

連絡帳 ガラガラを振って音を聞かせると、うれしそうに見ています。ゆっくりと左右に動かすと、目で追うことができるようになり、そのときに手足をバタバタさせます。きっと、つかみたいのでしょうね。 P017-09

1歳

子ども ハイハイする子、つかまり立ちの子、歩けるようになった子……と、いろいろなタイプが混ざっている１歳児組です。それぞれの発達段階に合わせた保育を心がけたいと思っています。 P017-10

子ども 入園したての赤ちゃんの緊張感を和らげるには、スキンシップがいちばん。だっこやリズミカルなスキンシップ遊びで安心感を持たせるようにしています。人気曲は『１本橋コチョコチョ』です。 P017-11

食育 給食を配る間、席から立ち上がって歩き回ったりする子がいなくなりました。みんなじょうずに待つことができます。スゴイでしょ！ P017-12

健康 歩き始めは、思わぬ事故が起きます。園では、机や柱の角などにクッション素材を巻きました。 P017-13

連絡帳 スプーンの使い方がだいぶじょうずになってきました。でもまだこぼすこともあるので、いつもタオルをそばに置いて、フォローできるようにしています。もうあとひと息です。 P017-14

2歳

子ども 自分が興味を持った遊びを楽しむ姿が見られるようになりました。また、暖かくなったせいか、盛んに戸外遊びをしようと、誘いかけてきます。 P017-15

子ども 大人のやることをよく見ています。私が手を洗ったら、そのあとそれをまねする……など、その真剣なまなざしに圧倒されそうです。 P017-16

食育 「ニンジンおいしいね」と言うと「おいしいね」とこたえてくれます。そのあと、元気にパクッと食べます。声をかけながら楽しく食べて、スキキライをなくしたいものです。 P017-17

健康 トレーニングパンツを使ったトイレトレーニングをしています。時々失敗することもありますが、その繰り返しの中から、いつの間にかしぜんとオムツが取れることでしょう。 P017-18

連絡帳 お母さんと別れるときは泣いていましたが、しばらくするといろいろなおもちゃに手を伸ばして遊び始めましたので、安心してください。朝はまだ泣く日もあるかもしれませんが、きっとすぐ園に慣れますよ。 P017-19

連絡帳 絵本の中に、自分の知っているものがあると、得意そうに私に見せてくれます。「自動車だね」と言ったら「バス」と言ったのにはビックリ！　確かにバスでした。 P017-20

5月

園生活に適応するようすを伝えよう

POINT お願いしたい内容は具体的に説明し、理解を得るようにしましょう。

5月 クラスだより

○○園　○○組　○月○日発行　担任：○○・○○

吹く風もさわやかな日々が続いています。保育者の呼びかけに、少しずつ応じることができるようになった赤ちゃんたち。笑顔がかわいらしくなってきました。
日光浴を兼ねて、赤ちゃん組も先生に抱かれて園庭のこいのぼりをみんなで見に行きます。こいのぼりのようにぐんぐん元気に大きくなあれ！

行事予定

○日・・・こどもの日の集い
○日・・・参観日
○日・・・誕生会

5月生まれのおともだち

しみず　さき　ちゃん
もり　しんた　くん
よしだ　もえ　ちゃん

赤ちゃんの服

赤ちゃんは、１日に数回、服を取り替えたりすることがあるので、なるべく脱ぎ着の楽なものを着せましょう。また、肌も柔らかいので、布地は木綿のガーゼ、タオル地のようなものが適しています。
最近は、かわいい服がたくさん出回っていますが、背中にボタン・フリル・リボンなどがあると、寝苦しかったり、こすれたりするので、注意してくださいね。

○日は参観日です

入園して、はやくも１か月がたちました。園ではどんなことをしているのかな。お友達はできたかな…など、子どもたちのようすを見にきてください。
５月○日△時より、父母参観を行ないます。当日は上ばきをご持参ください。

こんなあそびをしています

きげんよく目をさましているときには、赤ちゃんを抱いてわらべうたを歌いながら、左右にゆらゆら揺らす遊びをしています。とてもうれしそうです。
子どもの大好きなイナイイナイバア遊びも、初めは怖がる子もいます。最初は先生が自分の顔を両手で隠し、小さな声で「イナイイナイ…」と言っています。

POINT 予定やお願いは早めに伝えましょう。

POINT どんな遊びをして、どのような反応があるか知らせ、園生活へ適応するようすを伝えましょう。

P018-01

3～6か月児

P018-02

P018-03

P018-04

P018-05

P019-01

P019-02

P019-03

7～9か月児

P019-04

P019-05

P019-06

P019-07

P019-08

P019-09

P019-10

10～12か月児

P019-11

P019-12

P019-13

P019-14

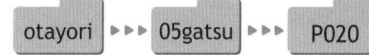

P020-01

P020-02

P020-03

1～2歳児

P020-04

P020-05

P020-06

P020-07

P020-08

P020-09

P020-10

誕生日

P020-11

P020-12

P020-13

P020-14

季節・自然

P021-01

P021-02

P021-03

P021-04

P021-05

P021-06

P021-07

飾りケイ

P021-08

P021-09

P021-10

P021-11

P021-12

P021-13

P021-14

P021-15

タイトル文字

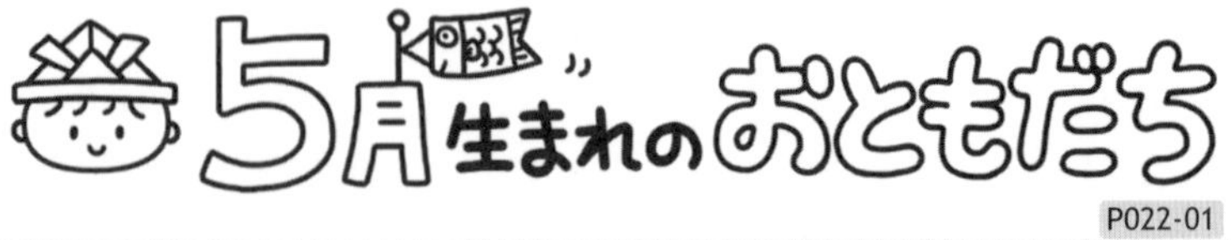
5月生まれのおともだち

P022-01

母の日

P022-02

クラスだより

P022-03

だーいすき おかあさん

P022-04

こどもの日

P022-05

園外保育

P022-06

囲みイラスト付き文例

元気に遊ぼう

春から夏にかけては、気候が安定してくるので、子どもたちの動きも活発になってきます。この時期には、積極的に外気に触れるように、毎日のお散歩は欠かせません。目的地の公園で思い切り体を動かして遊ぶとお昼寝はぐっすりです。

5月の乳児　P022-07

赤ちゃん組の
こどもの日

5月の空気をいっぱい吸って、大空をゆうゆうと泳ぐこいのぼりを眺めながら、子どもたちの健やかな成長を願ってこどもの日のお祝いをしました。赤ちゃん組は紙で作ったかぶとをかぶって参加。小さいながらもそのりりしい姿は大人気でした。

こどもの日　P022-08

育て！ミニトマト

園庭で作っているミニトマトに、青い実がなりました。小さくてもちゃんとトマトの形になっているところは赤ちゃん組の子どもたちと同じです。日ごとに色づくミニトマトの生長を、子どもたちに重ねながら、みんなで収穫を楽しみにしています。

食育　P022-09

食べやすい素材で

離乳食が順調に進んでいたのに、急に食べなくなることがあります。子どもの食事量は、個人差が大きいものです。その日の体調によっても変化するので、食べないときは無理強いせず、食べやすい素材を選ぶなどの工夫をしてみましょう。

健康　P022-10

5月の文例

書き出し文例

吹く風もさわやかな日々が続いています。保育者の呼びかけに、少しずつ応じることができるようになった赤ちゃんたち。笑顔がかわいらしくなってきました。 P023-01

木々の緑も鮮やかになり、子どもたちは、元気いっぱい走り回っています。4月には不安そうな顔をしていた子どもたちですが、今はすっかり園の生活に慣れてきました。 P023-02

行事

こどもの日 日光浴を兼ねて、赤ちゃん組も先生に抱かれて園庭のこいのぼりをみんなで見に行きます。こいのぼりのようにぐんぐん元気に大きくなあれ！ P023-03

参観日 入園して、はやくも1か月がたちました。園ではどんなことをしているのかな。お友達はできたかな…など、子どもたちのようすを見にきてください。 P023-04

0歳

子ども きげんよく目をさましているときには、赤ちゃんを抱いてわらべうたを歌いながら、左右にゆらゆら揺らす遊びをしています。とてもうれしそうです。 P023-05

子ども 子どもの大好きなイナイイナイバア遊びも、初めは怖がる子もいます。最初は先生が自分の顔を両手で隠し、小さな声で「イナイイナイ…」と言っています。 P023-06

食育 ミルクをよく飲むようになり、満腹になると、舌で乳首を押し出して、「もういらない」のサインを出せるようになりました。 P023-07

健康 赤ちゃんの沐浴（おふろ）は春夏は38度、秋冬は40度前後のお湯を目安にしています。湯ざめ防止には、汗が完全に引いてからオムツと服を着せるとよいですよ。 P023-08

連絡帳 今日、両手をついて、ひとりでお座りができるようになりました。まだ短時間ですが、「ウーン」という顔で、がんばっていましたよ。 P023-09

1歳

子ども 立ち上がり始めた○ちゃん。でも、すぐドスンとしりもちをつきます。それでも、うれしそうに、また立って…ドスン。 P023-10

子ども ○ちゃんはダンスがじょうず。お気に入りの曲が始まるとえっちらおっちらやって来て、ぷるんぷるんとおしりを振ります。終わると必ず「アーッ！」と手を挙げて、アンコールを叫ぶんですよ。 P023-11

食育 手づかみ食べが始まりました。ちらかしたりこぼしたりしますが、これもひとつの通過点。触って、食べ物に興味を持つ行為と考えて、しばらくは大目に見たいと思います。 P023-12

健康 トイレやオマルをいやがる子がいます。トイレが暗かったり、ヒヤッと冷たかったり、座るのが不安定だったり…と理由はさまざま。いやがる原因を早く知り、取り除いてあげたいと思っています。 P023-13

連絡帳 箱の中から太いロープをどんどん引っぱり出すおもちゃがお気に入りです。しっかり握って、一生懸命引き出し、箱がからっぽになるまでやり通します。 P023-14

2歳

子ども みんなの手形を押したこいのぼりを作りました。「さかな！」「さかなだ！」と言って大喜び。年長組の作品と共に園庭に飾りました。 P023-15

子ども 5月の風の中を、元気に駆けています。「ストップ！」と言うと、1か月前はうまくストップができなかったのに、今はパッと止まれるようになってきました。 P023-16

食育 スプーンは、上から握って持つのではなく下から握れるようにさせたいと思っています。こうすることでだんだんはしも使えるようになります。 P023-17

健康 子どもの視力は、まだ十分に発達していないので、どうしてもテレビをすぐそばで見ようとします。テレビから2mくらい離し、部屋を明るくして見せてあげてください。 P023-18

連絡帳 服を自分で脱ごうとしています。なかなか脱げず苦戦することもありますが、きっともうすぐひとりでできるようになるでしょう。脱ぎやすい服を着せてあげてくださいね。 P023-19

6月

発達の個人差について知らせよう

POINT 雨の日にはどんな遊び、晴れの日にはどんな遊びをしているのか、具体的に伝えましょう。

POINT 園でのやり方を伝え、家庭での子育ての参考になればよいですね。

6月 クラスだより

○○園　○○組　○月○日発行　担任：○○・○○

雨の多いうっとうしい季節ですが、晴れた日には青空が広がり、少しずつ夏空を感じさせます。雨の日が続くと室内遊びが中心となるので、遊びを工夫して変化をつけたり、梅雨の晴れ間には戸外に出て、思い切り体を動かしたりして遊びたいと思います。

さっぱりキレイなお尻

オムツをしている赤ちゃんは、１日に１０～２０回くらい尿が出ます。また便も、そのたびごとに、少しずつ出ていることがあるので、おしりはいつもきれいにさっぱりさせてあげましょう。園では、便のときは、お湯でひたした柔らかい布でおしりをふきます。女児は前方から後方にふいてあげましょう。これで赤ちゃんもニッコニコです。

パパとあそぼう

６月○日は父の日参観日を予定しておりますが、お父さんだけでなく、ご家庭のどなたがおいでくださってもけっこうです。すくすく育ってとってもワンパク、オチャメになった赤ちゃんたちを見てください。

歯みがきシュッシュッ

６月４日を「ム」「シ」と読ませて、この日を「虫歯予防デー」といいます。子どもたちは大人のように歯をきれいにみがけません。しあげは大人がみがくなど、ご家庭での協力もお願いします。食後の歯みがきで、虫歯菌をやっつけよう！

行事予定

○日・・・歯科検診
○日・・・参観日
○日・・・誕生会

6月生まれのおともだち

かとう　ごう　くん
はしもと　そら　くん
たかだ　とき　ちゃん

み～んな げ・ん・き！！

おんぶや、ラックに入らないと眠れない子どももいましたが、だんだんベッドで眠れるようになりました。

手足をとても元気に動かします。声をかけると、笑いながら、「抱き上げて」といわんばかりに全身をバタバタさせて、私を見つめてくれるので、うれしくなってしまいます。

おきあがりこぼしが人気です。音を聞きつけると、あっちからも、こっちからも子どもたちがハイハイして突進してきます。

ひとりひとり、みんな違っていますが、それぞれの発達に合わせて、子どもたちとかかわっていきたいと思っています。

POINT 発達には個人差があることを知ってもらいましょう。

P024-01

3～6か月児

P024-02

P024-03

P024-04

P024-05

P025-01

P025-02

P025-03

7～9か月児

P025-04

P025-05

P025-06

P025-07

P025-08

P025-09

P025-10

10～12か月児

P025-11

P025-12

P025-13

P025-14

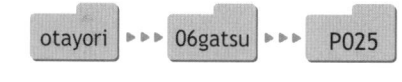

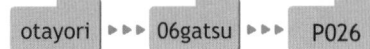

P026-01

P026-02

P026-03

1～2歳児

P026-04

P026-05

P026-06

P026-07

P026-08

P026-09

P026-10

誕生日

P026-11

P026-12

P026-13

P026-14

季節・自然

P027-01

P027-02

P027-03

P027-04

P027-05

P027-06

P027-07

飾りケイ

P027-08

P027-09

P027-10

P027-11

P027-12

P027-13

P027-14

P027-15

タイトル文字

6月生まれのおともだち

P028-01

梅雨入り

P028-02

クラスだより

P028-03

歯みがきシュッシュッ

P028-04

パパとあそぼう

P028-05

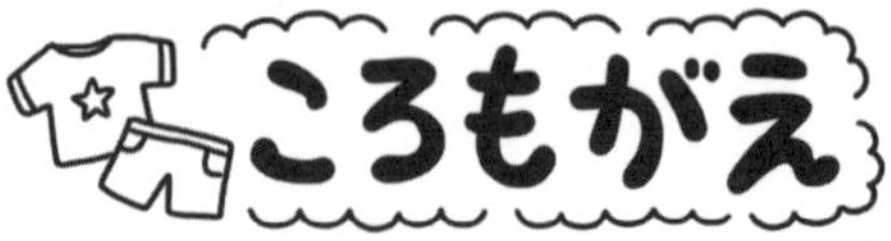
ころもがえ

P028-06

囲みイラスト付き文例

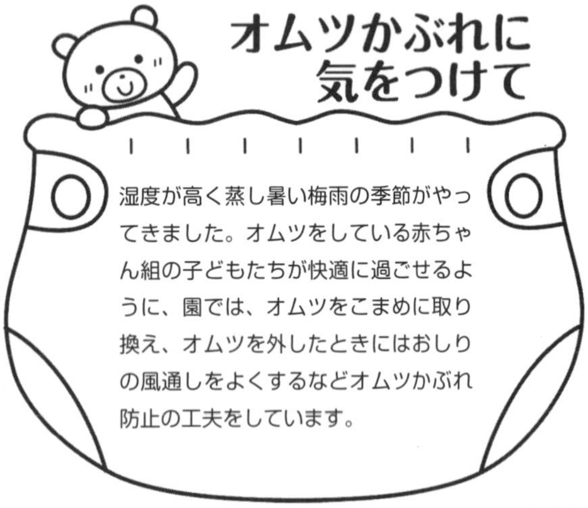
オムツかぶれに気をつけて
湿度が高く蒸し暑い梅雨の季節がやってきました。オムツをしている赤ちゃん組の子どもたちが快適に過ごせるように、園では、オムツをこまめに取り換え、オムツを外したときにはおしりの風通しをよくするなどオムツかぶれ防止の工夫をしています。

6月の乳児 P028-07

参観日
子どもたちは日々変化しています。その成長ぶりをご覧いただくために、参観日には、親子でいっしょに遊んだり、親子のふれあいを深めるプログラムを用意しています。子どもたちの表情が楽しみですね。動きやすい服装でご参加ください。

参観日 P028-08

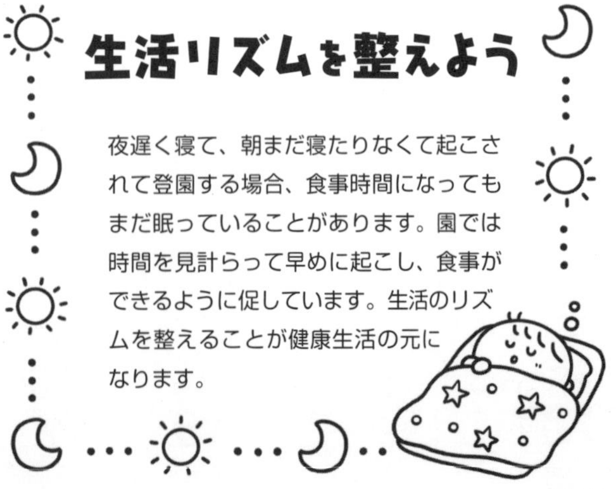
生活リズムを整えよう
夜遅く寝て、朝まだ寝たりなくて起こされて登園する場合、食事時間になってもまだ眠っていることがあります。園では時間を見計らって早めに起こし、食事ができるように促しています。生活のリズムを整えることが健康生活の元になります。

食育 P028-09

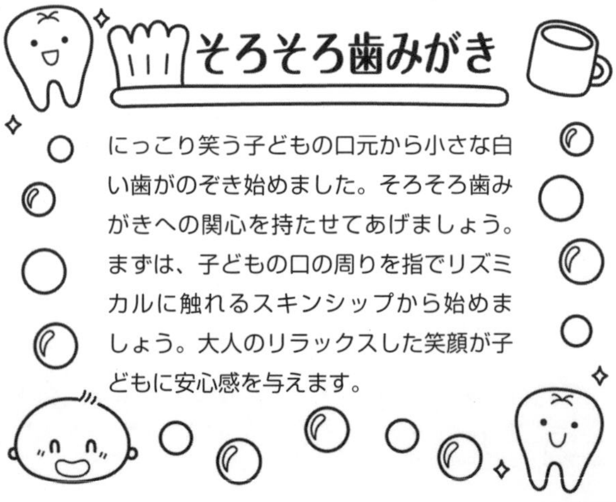
そろそろ歯みがき
にっこり笑う子どもの口元から小さな白い歯がのぞき始めました。そろそろ歯みがきへの関心を持たせてあげましょう。まずは、子どもの口の周りを指でリズミカルに触れるスキンシップから始めましょう。大人のリラックスした笑顔が子どもに安心感を与えます。

健康 P028-10

6月の文例

書き出し文例

雨の多いうっとうしい季節ですが、晴れた日には青空が広がり、少しずつ夏空を感じさせます。雨の日が続くと室内遊びが中心となるので、遊びを工夫して変化をつけたり、梅雨の晴れ間には戸外に出て、思い切り体を動かしたりして遊びたいと思います。 P029-01

鮮やかな緑の中、アジサイの色が目につく季節となりました。子どもたちは、カタツムリを探したり、草花や葉っぱの上の水玉をのぞき込んだりして遊んでいます。 P029-02

行事

父の日 6月○日は父の日参観日を予定しておりますが、お父さんだけでなく、ご家庭のどなたがおいでくださってもけっこうです。すくすく育ってとってもワンパク、オチャメになった赤ちゃんたちを見てください。 P029-03

虫歯予防デー 6月4日を「ム」「シ」と読ませて、この日を「虫歯予防デー」といいます。子どもたちは大人のように歯をきれいにみがけません。しあげは大人がみがくなど、ご家庭での協力もお願いします。食後の歯みがきで、虫歯菌をやっつけよう！ P029-04

0歳

子ども おんぶや、ラックに入らないと眠れない子どももいましたが、だんだんベッドで眠れるようになりました。 P029-05

子ども おきあがりこぼしが人気です。音を聞きつけると、あっちからも、こっちからも子どもたちがハイハイして突進してきます。 P029-06

食育 離乳食が始まりました。離乳食はミルクで足りない栄養を補給すると同時に、咀しゃくする力を身につけさせるために行ないます。1日2さじぐらいのおかゆスープからチャレンジします。 P029-07

健康 2～3か月の赤ちゃんは音のする方向に顔を向けることができます。4～5か月たつころにはパパとママの声の区別ができるようになります。音の認識が大人とほぼ同じレベルになるのは、4～5歳といわれています。 P029-08

連絡帳 手足をとても元気に動かします。声をかけると、笑いながら、「抱き上げて」といわんばかりに全身をバタバタさせて、私を見つめてくれるので、うれしくなってしまいます。 P029-09

1歳

子ども ○ちゃんはウサギのぬいぐるみ、△ちゃんは赤い積み木…と自分のお気に入りのおもちゃが決まってきて、それを手離さなくなりました。 P029-10

子ども まだ自分でこぐことはできませんが、三輪車が大好きです。乗ったら、なかなか降りません。 P029-11

食育 スプーンから物を食べることにもやっと慣れてきましたが、まだ時間がかかります。「モグモグ、ゴックーン」など、語りかけながら楽しい食事を！ P029-12

健康 オムツ外しは1歳半過ぎがひとつの目安です。おしっこの間隔が2時間くらい空くようになったら、時間を見て、トイレに誘うようにしています。 P029-13

連絡帳 「おいしいね」などと話しかけながら食事をしていたのですが、いつの間にか食べながら寝てしまいました。ちょっと疲れが出たのかもしれません。 P029-14

2歳

子ども 最近はいたずらや冒険が多くなってきました。子どもたちは、今新しい発見や寄り道をしてみたくなったところです。自分の持つ力を試しながら、成長の足がかりを求めているのですね。 P029-15

子ども 草むらにカタツムリを見つけて、じっと見ている子…など、自然の変化を感じられる季節です。この季節にしか体験できないことを、子どもたちといっしょに楽しみたいと思います。 P029-16

食育 園の畑にトマトの苗を植えました。土に触り、その感触を十分に楽しんだあと、この苗から実がなることを話しましたが…さて、わかったかな？　収穫まで、毎日観察したいと思います。 P029-17

健康 じっとりと蒸し暑い日が続きますね。こんな季節は、食中毒にご用心。ご家庭でも、作りおきの食べ物は冷めてからふたをしたり、汁気の多いものやなまものはできるだけ避けましょう。冷蔵庫の過信も禁物です。園では、手洗いを励行しています。 P029-18

連絡帳 雨が上がると、大はしゃぎで戸外に遊びに出ます。水たまりなどに入って“ピチャピチャ遊び”。泥だらけになるので、着替えの用意をお願いします。お洗濯、大変だとは思いますが、どうかよろしくお願いします。 P029-19

7月

夏に向かう準備をしましょう

POINT いよいよ気温が上がり始めることを、子どものようすと共に伝え、夏や暑さに向かう心構えを促しましょう。

POINT 安全な育児ができるよう、園も家庭も共に子どもたちを見守るようにしましょう。

POINT 夏の楽しい行事に積極的に参加していただくよう声をかけましょう。

7月 クラスだより

○○園　○○組　○月○日発行　担任：○○・○○

長かった梅雨もやっと終わり、灰色の雨雲も、子どもたちの元気パワーに吹き飛ばされてしまったようです。日増しに気温が上がり、いよいよ夏本番です。

寝返りが始まります

7、8か月児になると大きく寝返りが打てるようになります。また、足を踏ん張る力が強くなるので、寝返った拍子に、大人が思いもしない方向に転がったりします。近くに布団などがあると、窒息の危険があるので、寝ているからといって安心せず、時々赤ちゃんのようすを見てあげましょう。

たなばたまつり

七夕子ども会当日には、おうちの方々が書いた短冊もササに飾りたいと思います。子どもへの願い事など書いていただければ幸いです。

園庭で遊んでいた子どもたちが、暑い日ざしを避けていつの間にか、サクラの木の下に集まってきました。涼しい場所がわかるようになったようです。

保健だより

子どもたちは、寝ている間に思いのほかよく汗をかいています。目覚めたときには汗をふき、服も取り替えてあげましょう。

赤ちゃんのおへやから

☆年長組の部屋から『たなばた』の歌が聞こえてきます。それに反応するように赤ちゃん組も、「アーア」「ウーウ」と声を出しています。

☆お部屋に飾った星や短冊。風が吹くたびに、ユラユラ揺れます。その動きをしっかり目で追うだけでなく、手を伸ばしてつかもうとしています。

☆離乳食も、少しずつ食べられるようになってきました。離乳期にさまざまな味覚の土台を作っておくことが、偏食になりにくい「舌」を作るともいわれています。いろいろなものをいっぱい食べようね！！

☆七夕祭りや、プール開きなど、ワクワクする行事がいーっぱいの7月。年長組さんの手をかりながら、赤ちゃんなりの行事への参加をしたいと思っています。

行事予定

○日・・・七夕こども会
○日・・・プールびらき
○日・・・誕生会

7月生まれのおともだち

いしかわ　かな　ちゃん
みき　たくま　くん

おめでとう

POINT 子どもたちと行事のかかわりなどを含め、成長のようすを伝えましょう。

POINT 夏に向かって健康に注意するよう、家庭でもできる簡単なアドバイスをしましょう。

P030-01

3～6か月児

P030-02

P030-03

P030-04

P030-05

P031-01

P031-02

P031-03

7～9か月児

P031-04

P031-05

P031-06

P031-07

P031-08

P031-09

P031-10

10～12か月児

P031-11

P031-12

P031-13

P031-14

P032-01

P032-02

P032-03

1～2歳児

P032-04

P032-05

P032-06

P032-07

P032-08

P032-09

P032-10

誕生日

P032-11

P032-12

P032-13

P032-14

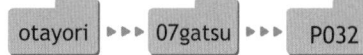

季節・自然

P033-01

P033-02

P033-03

P033-04

P033-05

P033-06

P033-07

飾りケイ

P033-08

P033-09

P033-10

P033-11

P033-12

P033-13

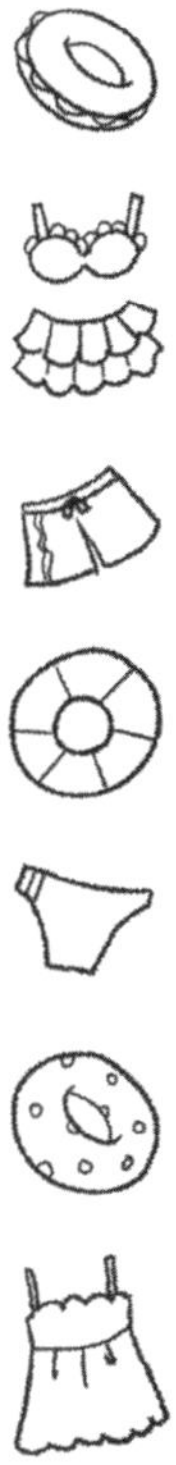

P033-14

P033-15

タイトル文字

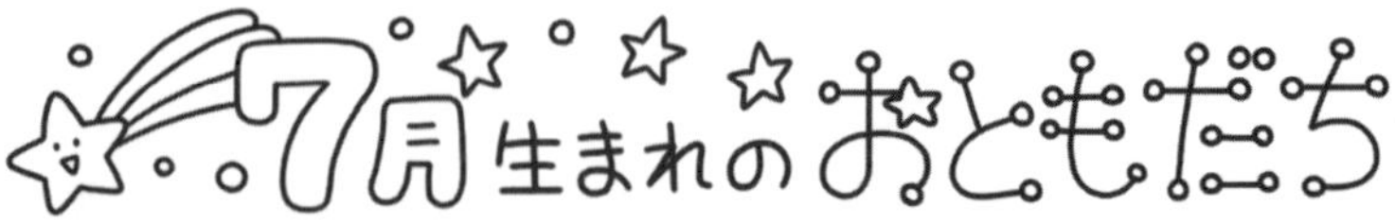
7月生まれのおともだち

P034-01

海の日

P034-02

クラスだより

P034-03

プールであそぼう

P034-04

たなばたまつり

P034-05

あせもにご注意!

P034-06

囲みイラスト付き文例

水と遊ぼう

梅雨明けを待ちかねたように、真夏の太陽が輝き始め、「水遊びしようよ」とみんなを誘っているようです。ピチャピチャ水をたたいたり、流したりを繰り返しながら、水の冷たさ、柔らかさが、心地良さとなって子どもたちの心をしぜんに開放してくれるようです。

7月の乳児 P034-07

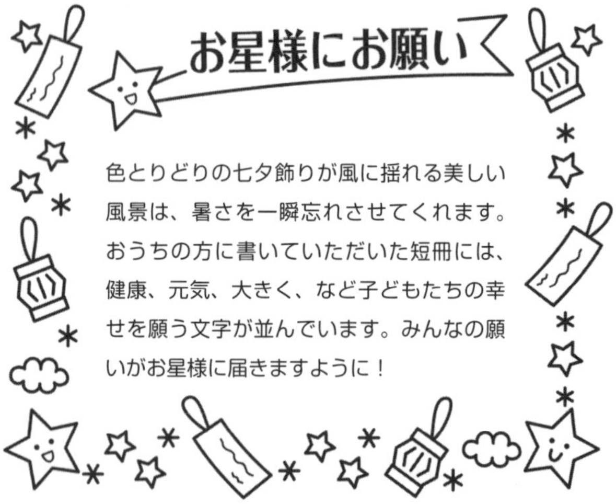
お星様にお願い

色とりどりの七夕飾りが風に揺れる美しい風景は、暑さを一瞬忘れさせてくれます。おうちの方に書いていただいた短冊には、健康、元気、大きく、など子どもたちの幸せを願う文字が並んでいます。みんなの願いがお星様に届きますように！

七夕祭り P034-08

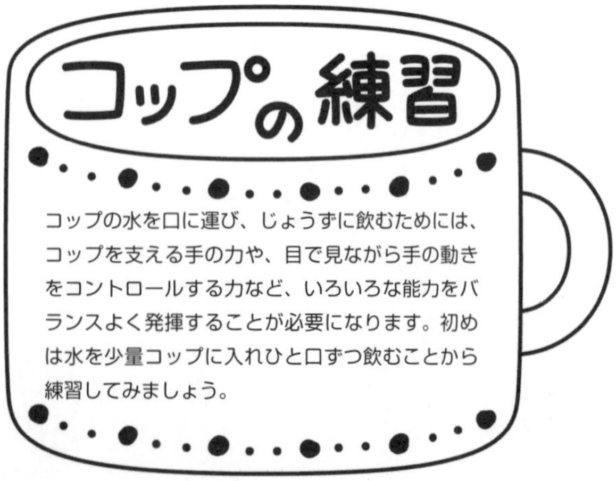
コップの練習

コップの水を口に運び、じょうずに飲むためには、コップを支える手の力や、目で見ながら手の動きをコントロールする力など、いろいろな能力をバランスよく発揮することが必要になります。初めは水を少量コップに入れひと口ずつ飲むことから練習してみましょう。

食育 P034-09

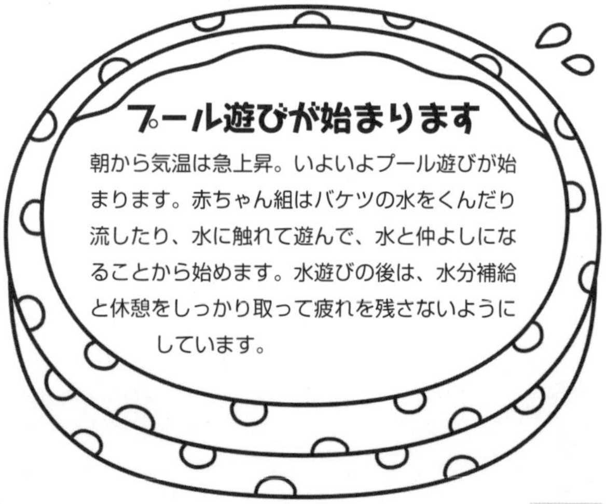
プール遊びが始まります

朝から気温は急上昇。いよいよプール遊びが始まります。赤ちゃん組はバケツの水をくんだり流したり、水に触れて遊んで、水と仲よしになることから始めます。水遊びの後は、水分補給と休憩をしっかり取って疲れを残さないようにしています。

健康 P034-10

7月の文例

書き出し文例

長かった梅雨もやっと終わり、灰色の雨雲も、子どもたちの元気パワーに吹き飛ばされてしまったようです。日増しに気温が上がり、いよいよ夏本番です。 P035-01

園庭で遊んでいた子どもたちが、暑い日ざしを避けていつの間にか、サクラの木の下に集まってきました。涼しい場所がわかるようになったようです。 P035-02

行事

七夕 年長組の部屋から『たなばた』の歌が聞こえてきます。それに反応するように赤ちゃん組も、「アーア」「ウーウ」と声を出しています。 P035-03

七夕 七夕子ども会当日には、おうちの方々が書いた短冊もササに飾りたいと思います。子どもへの願い事など書いていただければ幸いです。 P035-04

0歳

子ども お部屋に飾った星や短冊。風が吹くたびに、ユラユラ揺れます。その動きをしっかり目で追うだけでなく、手を伸ばしてつかもうとしています。 P035-05

子ども うれしいときは、「クックッ」と声をたてて笑顔を見せてくれますが、いやなことには体中を震わせて泣くなど、感情表現が豊かになってきました。 P035-06

食育 離乳食も、少しずつ食べられるようになってきました。離乳期にさまざまな味覚の土台を作っておくことが、偏食になりにくい「舌」を作るともいわれています。いろいろなものをいっぱい食べようね！！ P035-07

健康 2～3か月の赤ちゃんが、自分の手をじーっと見つめることがあります。これはハンドリガード(手の注視)といって、自分の手を認知する大切な行為です。こうして自分の手を思いどおりに動かせるようになります。 P035-08

連絡帳 発育はとても順調です。体重が増えてきたので、オムツカバーは表示されている月齢のものより、もうひとサイズ大きい方が体にフィットするかもしれません。 P035-09

1歳

子ども 腕の力でハイハイする子、手足を使ってハイハイする子など……毎日、にぎやかなハイハイマラソン(!?)が繰り広げられています。 P035-10

子ども タライに水を張り、小さなお池を作りました。ジーッと見つめる子、手を入れピチャピチャ始める子、おそるおそる指を入れる子、10分もすると、みんなでキャッキャッと笑いながらバシャバシャ、チャプチャプ。よーく遊んだちっちゃな手は、しわしわになりました。 P035-11

食育 茶わんは左手、スプーンは右手…というのが、わかってきたようです。左手にスプーンを持っているとき「こっちの手に持とうね」と言うと、いやがらずに手を持ち替えます。 P035-12

健康 ビニール地でできたよだれかけは、水をはじいて便利ですが、顔に掛かって窒息する恐れがあります。木綿地のような、通気性のある素材のものがおすすめです。 P035-13

連絡帳 オムツを外すと、「あら、おしっこが出ていない」ということがあります。そんな兆しが見えたらチャンス！　オマルに座らせるようにしています。もうすぐオマルで排尿できることでしょう。 P035-14

2歳

子ども 絵本を読むと、○ちゃんと△ちゃんがそばに来て見ています。以前は、自分ひとりでないといやがっていたのに、「友達といっしょ」が楽しいことだとわかってきたのかな。 P035-15

子ども キラキラ光るプールの水面が、「おいで、おいで」と呼んでいます。○○組さんはまず水に慣れることからスタート。顔に水がかかってもへっちゃらになれば、しめたもの…。おうちのおふろでも挑戦してみてくださいね！ P035-16

食育 昨日はよく食べたのに今日は食べない…など、食べ方にむらのある「むら食い」は、どの子も一度は経験します。これは、食事以外に興味のあることが増えてきたからだといわれています。これも成長のあかしなのですね。 P035-17

健康 おしっこをもらしてしまうことは、決して悪いことではありません。ぬれた不快感を感じることで、「おしっこ」を知らせるようになるので、怒らないで見守ってあげましょう。 P035-18

連絡帳 きらいなキュウリが給食に出たとき、「みて！」と声をかけ、パクッと食べてみせてくれました。おうちで褒められたのが、とてもうれしかったようです。私もたくさん褒めてあげました。 P035-19

8月 元気に暑さを乗りきる保育のツボを伝えよう

POINT 夏の赤ちゃんのようすを伝えましょう。

POINT 自我が出てきたなど、成長の大きな変化は、ぜひおたよりに盛り込みたいテーマです。

8月 クラスだより

○○園　○○組　○月○日発行　担任：○○・○○

ぬけるような青い空に、ギンギラギンのおひさま。暑さもピークを迎えたようです。ビニールプールの水が青空を映しています。

窓につるした風鈴がチリーンチリリンと、かわいい音を鳴らすたびに、ミルクを飲むのをやめて、じっと耳を澄ましています。

行事予定

○日・・・夏祭り　○日・・・保育面談　○日・・・誕生会

8月生まれのおともだち

みやた　あん　ちゃん

しのだ　はると　くん

わたなべ　ゆうま　くん

なつまつり

○日○時より、夏祭り子ども会を開催します。父母の会による屋台や、盆踊りなどがあります。赤ちゃんの体調に合わせて無理のないご参加をお願いします。

保健だより

歯が生え始めるとよだれも多くなります。よだれで、服がぬれてしまうことがあるので、着替えを多めに用意しておきましょう。

暑くなると、冷房のかけすぎによる体調不良や、食欲不振が見られます。温度、湿度、風通しに注意しましょう。

顔ふきイヤ！

7、8か月児は、かなり自我が出てきて、嫌なことは体全体で「イヤ」を表現できるようになります。顔をふかれるのもいやなことのひとつで、顔ふきタオルを見ただけで、体を震わせて怒る子もいます。園では、「めぐろさん　まわって　はなのさか　おりて……」と、わらべうたを歌いながら楽しく顔をふくようにしたら、イヤイヤさんがだいぶ減りました。

赤ちゃんの食育講座

赤ちゃんは汗をかきやすく、また、新陳代謝が盛んなので、こまめに水分補給をするようにしています。人気のベストワンは麦茶を冷ましたものです。

豆知識

わたし、ヒマワリ。日本には17世紀に入ってきたの。太陽が大好きで、そっちばっかり見てるから“向日葵”って名前になったのよ。ぐんぐん伸びると3mよ。顔だって30ｃｍにもなるのよ。わたしの顔には2000～3000粒もの種ができるの。園庭に咲いてます。見にきてね！

POINT ちょっとしたアイディアが子育てを応援します。保育のツボを伝えたいですね。

POINT スペースが空いたときなどは、季節の風物や食べ物など、楽しい豆知識を書いてちょっとひと息！

POINT 家庭でも役だつ内容を、さりげなく伝える工夫をしましょう。

P036-01

3～6か月児

P036-02

P036-03

P036-04

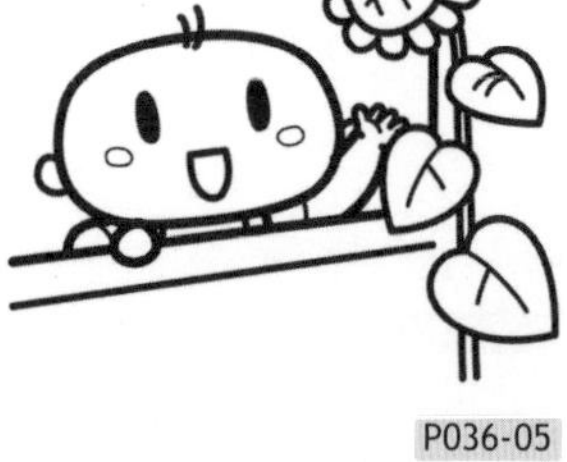

P036-05

P037-01

P037-02

P037-03

7～9か月児

P037-04

P037-05

P037-06

P037-07

P037-08

P037-09

P037-10

10～12か月児

P037-11

P037-12

P037-13

P037-14

P038-01

P038-02

P038-03

1～2歳児

P038-04

P038-05

P038-06

P038-07

P038-08

P038-09

P038-10

誕生日

P038-11

P038-12

P038-13

P038-14

季節・自然

P039-01

P039-02

P039-03

P039-04

P039-05

P039-06

P039-07

飾りケイ

P039-08

P039-09

P039-10

P039-11

P039-12

P039-13

P039-14

P039-15

タイトル文字

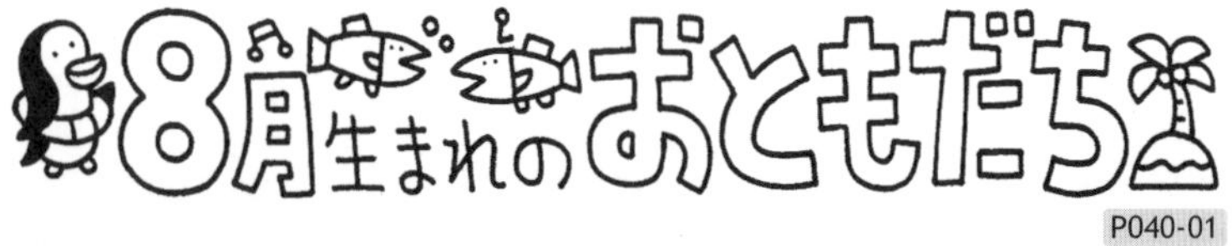
8月生まれのおともだち

P040-01

夕涼み会

P040-02

クラスだより

P040-03

おひるねスヤスヤ

P040-04

暑さにまけるな!

P040-05

なつまつり

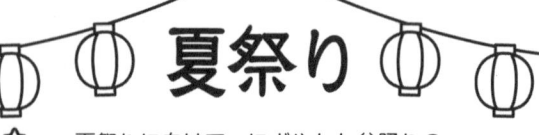

P040-06

囲みイラスト付き文例

夏がきました！

園庭のヒマワリが、大きなお日さまのように子どもたちを見下ろしています。子どもたちは風の通る涼しい木陰で、手足をしっかり動かして運動しています。汗をかいた後は、シャワーで汗を流し、すっきりさっぱり！　食欲も進みます。

8月の乳児　P040-07

夏祭り

夏祭りに向けて、にぎやかな盆踊りの音楽がかかると、赤ちゃん組の子どもたちもウキウキして、体でリズムを取ったり、手足をゆらゆらさせたり、全身で夏祭りのリズムを受け止めているようです。夏祭り当日は、親子でご参加ください。

夏祭り　P040-08

おやつを考える

乳幼児は発育が盛んなため、体重１キログラム当たりの栄養所要量は大人の２～３倍といわれています。ただ、消化機能が未熟なため３度の食事で賄いきれない分をおやつで補給しています。園では小魚やおせんべいなどよく噛んで食べるものを選んでいます。

食育　P040-09

水分補給を！

暑さで食欲不振や睡眠不足になり、体調を崩しがちです。特に暑さのピークを迎えるこの時期は、日ざしや温度、水分補給に注意が必要です。体調の変化を察知できるように子どもの表情や動きにも注意して、ようすを見守りましょう。

健康　P040-10

8月の文例

書き出し文例

暑い日が続いていますが、赤ちゃん組はこんな暑さには負けません！　今朝もみんなでアサガオの花を全部摘んできちゃったんですよ。 P041-01

ぬけるような青い空に、ギンギラギンのおひさま。暑さもピークを迎えたようです。ビニールプールの水が青空を映しています。 P041-02

行事

豆知識 わたし、ヒマワリ。日本には 17 世紀に入ってきたの。太陽が大好きで、そっちばっかり見てるから“向日葵”って名前になったのよ。ぐんぐん伸びると 3 m よ。顔だって 30 cmにもなるのよ。わたしの顔には 2000 ～ 3000 粒もの種ができるの。園庭に咲いてます。見にきてね！ P041-03

夏祭り ○日○時より、夏祭り子ども会を開催します。父母の会による屋台や、盆踊りなどがあります。赤ちゃんの体調に合わせて無理のないご参加をお願いします。 P041-04

0歳

子ども 両足を大人のひざの上に乗せて体を支えてあげると、ピョンピョンしたり、屈伸したりします。その力強さにはびっくり！ P041-05

子ども 窓につるした風鈴がチリーンチリリンと、かわいい音を鳴らすたびに、ミルクを飲むのをやめて、じっと耳を澄ましています。 P041-06

食育 赤ちゃんは汗をかきやすく、また、新陳代謝が盛んなので、こまめに水分補給をするようにしています。人気のベストワンは麦茶を冷ましたものです。 P041-07

健康 寝返りがじょうずになるころ、ベッドのさくを閉め忘れていて、そこから転落することがあります。油断は禁物です。 P041-08

連絡帳 少し前まではだっこが大好きでしたが、今は腹ばいになりたがります。まだハイハイはできませんが、手足を飛行機のように反らせることができます。 P041-09

1歳

子ども 高月齢の子どもは、○○公園まで散歩に出かけるようになりました。足腰がしっかりして歩き方も堂々としています。 P041-10

子ども 自己主張ができるようになり、時に、物の取り合いになったりします。保育者が間に入って、「かわりばんこに使おうね」などと言うと、なんとなくその意味がわかり、大きな争いにならずにすむことがあります。 P041-11

食育 暑くて食欲がないのは大人だけ？　○○組さんは、みんな、しっかり食べていますよ。おうちの食事と重ならないように、献立表には毎日目を通してくださいね。 P041-12

健康 暑いと、つい冷房をかけすぎてしまいがちです。エアコンの温度は、外気温との差が 5℃以上にならないようにするのがポイントです。 P041-13

連絡帳 『げんこつやまのたぬきさん』の手遊びが大好きです。「だっこして」「おんぶして」の難しい動作も、やろうとして真剣です。おうちでも繰り返し歌って遊んでください。 P041-14

2歳

子ども 元気な声は聞こえるけれど、どこで鳴くのかミンミンゼミ。みんなであちこち探していると、「いたーっ！」と、年長組の○君が大発見。砂場の横のサクラの木。「わあい！」とみんなで根元に集まって、セミに負けず「ミ～ン、ミンミン」と大合唱になりました。 P041-15

子ども おしろい花を使って、ままごと遊びをしています。赤い花はお肉、黄色い花は卵焼きです。三つ星レストランにも負けない料理ですよ。 P041-16

食育 暑いと、つい手が伸びる清涼飲料水は、平均すると 1 本に 25 g も砂糖が入っています。糖分のとりすぎになってしまうので、子どもだけでなく大人も要注意です。 P041-17

健康 虫刺されや、湿疹の引っかき傷があると、プールの水にいるブドウ球菌に感染し、傷がひどくなることがあります。小さな傷でも、プールあそびのときは、バンソウコウをはるようにしてください。 P041-18

連絡帳 暑い場所で汗をたくさんかき、体の水分が不足すると、体温調節ができなくなり脱水症状を起こします。これが熱中症です。おうちでも、室温に注意するとともに、こまめな水分補給を忘れないでください。 P041-19

9月

秋の行事を楽しみましょう

POINT 今どんな食事をしているのか、具体的なメニューを挙げて伝えましょう。

POINT 元気な赤ちゃんの成長ぶりを見てもらえたらうれしい……という気持ちを伝えましょう。

9月 クラスだより

○○園　○○組　○月○日発行　担任：○○・○○

残暑が厳しい毎日ですが、園庭にたくさんのアカトンボがやって来て、秋を告げています。
子どもたちはまだ半そでで駆け回っていますが、ふと耳を澄ますと、草の間から秋の虫の音が聞こえてくるようになりました。

行事予定

○日・・・敬老の集い
○日・・・お月見会
○日・・・誕生会

9月生まれのおともだち

おさだ　かいと　くん
ささき　はると　くん
ほりえ　こはる　ちゃん
まつもと　るい　くん

敬老の日

○日の「敬老の集い」は、おじいちゃん、おばあちゃんをご招待して、いっしょに歌をうたったり、ハイハイ競争をしたりするなど、楽しい会を計画しております。
○月○日（○時）園ホールにて行ないます。ぜひお越しください。

赤ちゃんの食育講座

ドロドロのスープの中に少しだけ野菜のかたまり（カボチャ、ジャガイモを十分にゆでたもの）を入れ、子どもがモグモグ歯ぐきでつぶせるような食事を出しています。

保健だより

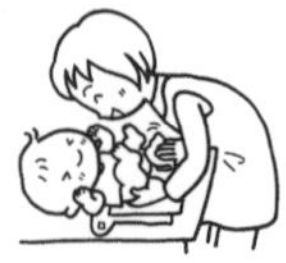

オムツカバーの繊維の中に、せっけんが残っていると、肌にもよくありませんが、せっけんが水分を吸収して、「モレ」の原因にもなります。カバーのすすぎはていねいにしましょう。
この時期は、便の回数も多いので、おむつはこまめに取り換え、体調に合わせて沐浴をして体を清潔に保ちましょう。
まだ夏の暑さが残っています。体調を崩さないよう、気をつけましょう。

お月様 みてるかな

○日のお月見会は、子どもたちがお団子をたくさん作ってお供えします。赤ちゃん組には、柔らかく煮たお団子が給食に出ます。お月様もみんなの成長を見ていてくれることでしょう。

食育豆知識

日本のおイモの中でもっとも古くからあるのはサトイモです。お月見に供えるのもサトイモ。サトイモは、親イモの周りに子どものイモが、さらに孫イモまでびっしり付いているので、子孫繁栄のシンボルだったんですね。

POINT 赤ちゃんがすこやかに育つには、日ごろのひと手間が大切ですね。

P042-01

3～6か月児

P042-02

P042-03

P042-04

P042-05

P043-01

P043-02

P043-03

7～9か月児

P043-04

P043-05

P043-06

P043-07

P043-08

P043-09

P043-10

10～12か月児

P043-11

P043-12

P043-13

P043-14

P044-01

P044-02

P044-03

1～2歳児

P044-04

P044-05

P044-06

P044-07

P044-08

P044-09

P044-10

誕生日

P044-11

P044-12

P044-13

P044-14

季節・自然

P045-01

P045-02

P045-03

P045-04

P045-05

P045-06

P045-07

飾りケイ

P045-08

P045-09

P045-10

P045-11

P045-12

P045-13

P045-14

P045-15

タイトル文字

9月生まれのおともだち

P046-01

敬老の日

P046-02

クラスだより

P046-03

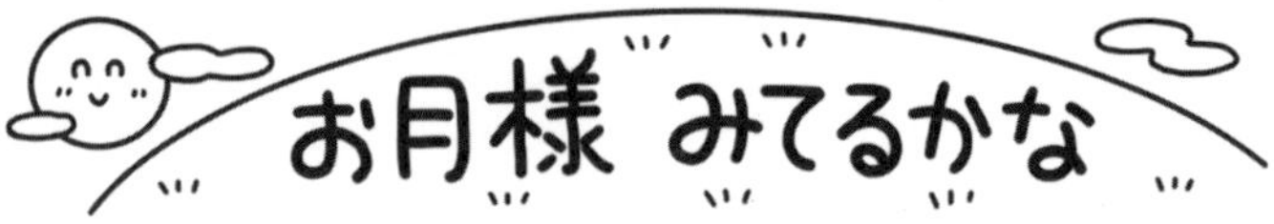
お月様 みてるかな

P046-04

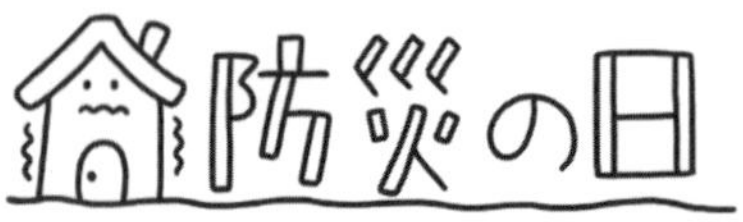
防災の日

P046-05

秋の全国交通安全運動

P046-06

囲みイラスト付き文例

秋の足音
聞こえたよ

夏の暑さが一段落。ようやく秋の気配が感じられるようになりました。夏の間にオムツを卒業した子どもたちは足腰の動きも活発になり、運動量も増えてきました。これから秋の運動会や遠足に向けてしっかり体を動かし、体力をつけていきたいと思います。

9月の乳児　P046-07

秋の交通安全運動

子どもの交通事故で多いのは飛び出しによるものです。1～2歳児の場合、外を歩くときには必ず大人と手をつなぎ「いっしょに行こうね」と声をかけ、ひとりで飛び出さないように指導しています。

交通安全　P046-08

食事のマナー

食事のときに、食べ物をこね回すなど、遊びだしてしまうことがあります。手づかみでも食べているときは励ましながらスプーンの持ち方などを教えます。ただ、食べ物で遊んでいるときは満腹か、食べたくないのサイン。早めに切り上げましょう。

食育　P046-09

野菜の収穫

子どもたちの育てた野菜が実り、みんなで収穫をしました。大小さまざまな野菜たちひとつひとつをみんなで食べたのはもちろん、野菜の切り口に絵の具をつけて、スタンプ遊びもしました。野菜の感触、におい、切り口の形のおもしろさも楽しむことができました。

食育　P046-10

9月の文例

書き出し文例

残暑が厳しい毎日ですが、園庭にたくさんのアカトンボがやって来て、秋を告げています。 P047-01

子どもたちはまだ半そでで駆け回っていますが、ふと耳を澄ますと、草の間から秋の虫の音が聞こえてくるようになりました。 P047-02

行事

敬老の日 ○日の「敬老の集い」は、おじいちゃん、おばあちゃんをご招待して、いっしょに歌をうたったり、ハイハイ競争をしたりするなど、楽しい会を計画しております。 P047-03

お月見 ○日のお月見会は、子どもたちがお団子をたくさん作ってお供えします。赤ちゃん組には、柔らかく煮たお団子が給食に出ます。 P047-04

0歳

子ども ミルクや食器を見せると、目を輝かせて、手足をバタバタさせ、うれしそう。「食べ物」がわかってきたのですね。 P047-05

子ども 物をぎゅっと握りしめるのがじょうずになり、ひとりでおもちゃを２個も３個も握って…そしてなかなか離しません。 P047-06

食育 ドロドロのスープの中に少しだけ野菜のかたまり（カボチャ、ジャガイモを十分にゆでたもの）を入れ、子どもがモグモグ歯ぐきでつぶせるような食事を出しています。 P047-07

健康 オムツカバーの繊維の中に、せっけんが残っていると、肌にもよくありませんが、せっけんが水分を吸収して、「モレ」の原因にもなります。カバーのすすぎはていねいにしましょう。 P047-08

連絡帳 鏡を見せると、初めは自分ではないと思ったらしく、写った姿を手でぶっていましたが、今は「アーアー」と言って（自分だと言っているのだと思います）喜びます。 P047-09

1歳

子ども ○ちゃんはバイバイがとてもじょうずにできます。ママや先生、宅配便のお兄さん、園のウサギさんにもバイバイします。 P047-10

子ども よく歩けるようになってきたせいか、「まて　まてーっ」と追いかけると、キャッキャッと声を上げて、逃げ回ります。途中でこっちを見て「つかまらないぞ」という表情まで見せます。 P047-11

食育 前歯が生えてきたので、食べ物をじょうずにかみ切ることができるようになり、食べられる物の幅が広がってきました。 P047-12

健康 子どもの発達には個人差があります。特に１歳児は「もう歩ける」「もうしゃべれる」と、できる子ばかりが目だち、わが子の成長がとても気になるかもしれません。そうした大人の心配や焦りを子どもは敏感に感じ取ります。大きな心で受け止めてあげてくださいね。 P047-13

連絡帳 夏の間、太陽を浴びて元気に過ごしたせいでしょうか、体がひと回り大きくなりましたね。言葉も出てきて、「ワンワン」「こっち」など自分の意思を伝えようとしています。 P047-14

2歳

子ども 帽子が大きらいだった○ちゃん。年長さんの紅白帽を見てから、いやがらずにかぶるようになりました。気分はもう運動会です。 P047-15

子ども セミのコーラスも遠ざかり、アサガオは淡く小さくなりました。コオロギやススキが散歩の途中で目につきます。子どもたちは秋空を見上げたりしています。 P047-16

食育 日本のおイモの中でもっとも古くからあるのはサトイモです。お月見に供えるのもサトイモ。サトイモは、親イモの周りに子どものイモが、さらに孫イモまでびっしり付いているので、子孫繁栄のシンボルだったんですね。 P047-17

健康 排便の習慣は２～３歳にかけて身につくといわれています。朝起きたら、トイレに行き「ウ～ン」とがんばってみましょう。まずは、出ても出なくても便器に座ることが大切です。 P047-18

連絡帳 すべり台の階段を登るのが苦手だった○ちゃんですが、近ごろはとてもしっかり登って滑り下りることができます。滑るスピードを体中で感じて楽しんでいます。 P047-19

10月

活発に活動している姿を伝えましょう

POINT 種目の内容などを具体的に示しておくと、保護者の方も安心して参加できます。

POINT おうちの方にも協力していただき、気温や体調に応じて衣服の調節がしやすい工夫をしましょう。

10月 クラスだより

○○園　○○組　○月○日発行　担任：○○・○○

澄みきった青空がどこまでも続き、思わず大きく背伸びをしてみたくなる季節です。食欲の秋、スポーツの秋、収穫の秋といわれるように、実り多いこの時期を、子どもたちと共に充実して過ごしたいものです。

運動会

園庭を飾る万国旗が秋風に揺れ、みんなの運動会を応援してくれているようです。

乳児組の子どもたちは親子いっしょに走ったり踊ったりします。わが子をだっこやおんぶしての参加は、日ごろ鍛えた体力の見せどころ！　動きやすい服装でご参加ください。

便秘について

乳児の便秘は、食事の量が少ないためか、繊維質や水分の不足によることが多いといわれています。便が固い場合には、繊維質の多い野菜や果物、イモ類、バターなどの油脂類、水分などのほか、ヨーグルトなど整腸作用のある食品も有効です。

ころもがえ

朝夕の気温が一定せず、寒暖の差が大きい季節になりました。着替え用の衣類は、ベスト、カーディガンなど気温に合わせて脱ぎ着のしやすいものを準備してください。

行事予定

○日・・・衣替え
○日・・・運動会
○日・・・誕生会

10月生まれのおともだち

ながい　りお　ちゃん
ふじさわ　りくと　くん

小さいものは気をつけて

7か月児くらいになると、何でも口に入れたがります。特に、小さくて口に入るビー玉、おはじき、ビンのふた、石ころ、豆……などは、のどに詰まることもあるので、絶対に近くに置かないようにしましょう。時には鼻の穴に入れてしまうことがあり……入ってしまうと口より出にくいので大変です。安全かどうか、赤ちゃんの身の回りは、いつも点検を忘れずにお願いします。

POINT 「ヒヤリ」としたこと、「ハッ」としたことなどは、共通の話題とし、園・家庭ともども、安全に気を配るように呼びかけましょう。

P048-01

3～6か月児

P048-02

P048-03

P048-04

P048-05

P049-01

P049-02

P049-03

7～9か月児

P049-04

P049-05

P049-06

P049-07

P049-08

P049-09

P049-10

10～12か月児

P049-11

P049-12

P049-13

P049-14

P050-01

P050-02

P050-03

1～2歳児

P050-04

P050-05

P050-06

P050-07

P050-08

P050-09

P050-10

誕生日

P050-11

P050-12

P050-13

P050-14

季節・自然

P051-01

P051-02

P051-03

P051-04

P051-05

P051-06

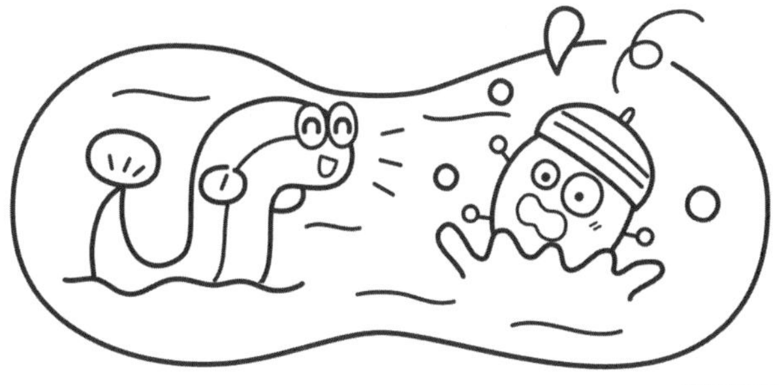

P051-07

飾りケイ

P051-08

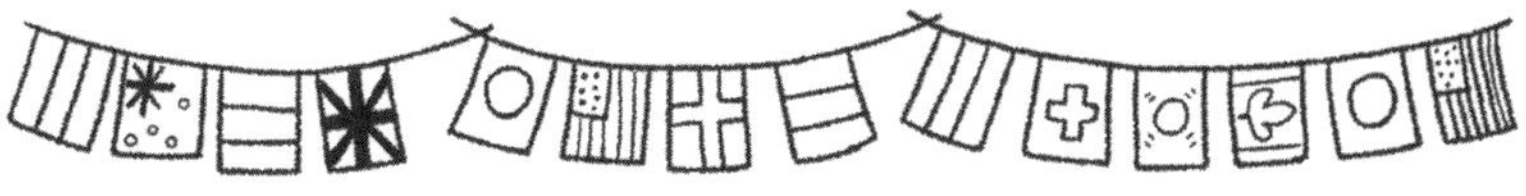

P051-09

P051-10

P051-11

P051-12

P051-13

P051-14

P051-15

タイトル文字

10月生まれのおともだち

P052-01

体育の日

P052-02

クラスだより

P052-03

うんどうかい

P052-04

ハロウィン

P052-05

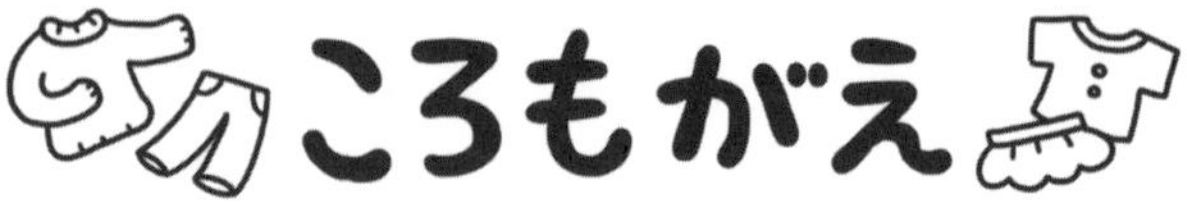
ころもがえ

P052-06

囲みイラスト付き文例

実りの秋です

気持ちの良い青空が広がり、実りの秋を迎えました。お散歩に行く公園で、子どもたちは目ざとくドングリを見つけ、「あったー！」の声は、喜びに弾んでいます。帰りにはポケットいっぱいのドングリをおみやげに、足どりも軽やかです。

10月の乳児　P052-07

運動会

園庭を飾る万国旗が秋風に揺れ、みんなの運動会を応援してくれているようです。乳児組の子どもたちは親子いっしょに走ったり踊ったりします。わが子をだっこやおんぶしての参加は、日ごろ鍛えた体力の見せどころ！　動きやすい服装でご参加ください。

運動会　P052-08

食事を楽しく

２歳ごろになると、食事への関心が高くなるので、園では食べ物の絵本を読んだり、実際に野菜に触れたり、簡単な調理をしたりする機会をつくっています。また、ベランダや、テラスなど、食事する場所を変えるだけでも食欲が増進し、楽しい会話も広がります。

食育　P052-09

便秘について

乳児の便秘は、食事の量が少ないためか、繊維質や水分の不足によることが多いといわれています。便が固い場合には、繊維質の多い野菜や果物、イモ類、バターなどの油脂類、水分などのほか、ヨーグルトなど整腸作用のある食品も有効です。

健康　P052-10

10月の文例

書き出し文例

記録破りの猛暑が続いた残暑がまるでうそのように日ごとに秋めいて、さわやかな季節になりました。散歩に出歩く子どもたちの足どりも軽やかです。 P053-01

澄みきった青空がどこまでも続き、思わず大きく背伸びをしてみたくなる季節です。食欲の秋、スポーツの秋、収穫の秋といわれるように、実り多いこの時期を、子どもたちと共に充実して過ごしたいものです。 P053-02

行事

運動会 ２歳児組は、運動会に参加します。種目は『ぴよぴよ大行進』。マットの山や、はしごくぐりなど…どんな行進になるのかな、応援をよろしくお願いします。 P053-03

運動会 ○日○時より運動会を開催いたします。卒園生のみなさん、地域のみなさん、お父さんやお母さんはもとより、おじいちゃん、おばあちゃんも、どうぞ子どもたちを応援しに来てください。 P053-04

運動会 朝は今にも雨が降り出しそうだったのに、昼には青空が広がり、すばらしい運動会日和になりました。天気とみな様からのご協力のおかげで、無事、運動会を終えることができ、感謝いたしております。 P053-05

衣替え 朝夕の気温が一定せず、寒暖の差が大きい季節になりました。着替え用の衣類は、ベスト、カーディガンなど気温に合わせて脱ぎ着のしやすいものを準備してください。 P053-06

0歳

子ども おもちゃをよくなめたり、しゃぶったりするようになりました。口に入れて、いろいろなことを確かめているのでしょう。園では使用後よく洗い、清潔に使えるよう常に点検しています。 P053-07

子ども 「アーアー」「ウーウー」などの声を喃語《なんご》といいます。声を出し、言葉にする練習をしているのですね。最近は、声に強弱や高低が出てきました。 P053-08

食育 離乳食中に下痢があった場合は、離乳食を中断します。ただし、きげんが悪くなければ、一過性のものと考え、離乳食をワンランク下げ、量を落として続けてみましょう。 P053-09

健康 オムツ交換をいやがる子が増えたのは、自我がでてきた証拠でもあるのですが…交換は大変!!　赤ちゃんの手にガラガラなど小さなおもちゃを持たせ、気をそらせてすばやく替えるようにしています。 P053-10

連絡帳 年長組さんが、ポンポンを振って、運動会のダンスをしていました。それを見て、○ちゃんも手を振っています。いっしょに踊っているつもりなのでしょうね。 P053-11

1歳

子ども 「オツム　テンテンできるかな」と声をかけると「テンテン」のしぐさをまねするようになりました。しぐさをしたあと「テンテン」と言います。もうすぐ声も動作もいっしょにできるよね。 P053-12

子ども 紙を丸めたり、破いたりすることが大好きです。紙の性質も味も（?!）わかってきたようで、もう食べたりしません。自分の手の力を試すように、繰り返し遊んでいます。 P053-13

食育 食べ物をわざと口から出したり、時には投げたりして、食事というより遊んでいるような「遊び食べ」は、どの子も一度は通過する発達過程です。強く怒らず、でも「たいへん　たいへん…」など、優しく注意しましょう。 P053-14

健康 動きが活発になってきただけでなく、何でも触ってみたい好奇心もおう盛です。家庭の中の思わぬ物で、事故を起こします。タバコの誤飲、電気コードにつまずく…など、気をつけてください。 P053-15

連絡帳 絵本がとても好きなのは、おうちでいっぱい読んでもらっているからなのですね。園文庫にも新刊本が入りました。貸りにきてくださいね。 P053-16

2歳

子ども 運動会のポスターや旗などが園内に飾られ、雰囲気が盛り上がってきました。○組も『こぶたのマーチ』の練習中。こぶたのシッポを付けて踊る姿はとってもキュートです。 P053-17

子ども おもちゃを渡すときに「ハイ　どうぞ」と言うと「ぞうど」と言っていた子どもたち。最近は、「どうぞ」が言えるようになり、友達に「どうぞ」と言って物を渡す姿が見られます。 P053-18

食育 自分たちの食べる物に、興味を持つことも大切です。園の畑に植えた秋野菜たちもそろそろ収穫のとき。みんなで水をあげたおイモたちも太ったかな？　○日はイモ掘りです。 P053-19

健康 せきやくしゃみを１回「ハックション」とするだけで唾液は２ｍぐらい飛ぶといわれています。せきをするときは、ハンカチやテッシュで口と鼻を覆い、そのあと手をよく洗いましょう。 P053-20

連絡帳 きれいに咲いたアサガオも、深まりゆく秋とともに花も小さくなりました。来年もまた見事な花を咲かせるために、みんなで種取りをしました。小さな手で、じょうずに種をつまむ○ちゃん。指先がよく動きます。 P053-21

11月

気温の変化に合わせ、健康に過ごせるようにしましょう

POINT どんな作品を展示するのか、具体的に子どもの姿を入れて伝えましょう。

クラスだより
11月
○○園　○○組　○月○日発行
担任：○○・○○
早くも木枯らしが吹き、冬の足音がすぐそばで聞こえてきました。11月は霜月と呼ばれる名のとおり、霜が降り始め朝晩の寒暖の差が激しい月です。健康に気をつけて過ごしましょう。
薄着で元気！
街路樹も色づき始め、秋が深まってきました。朝晩も冷え込むようになって、子どもたちのくしゃみや鼻水も多くなっています。園では昼間の暖かい時間にはできるだけ薄着で体を動かすようにして、寒さに負けない体力作りをしていきたいと思っています。
見に来てね　作品展
子どもたちの手形、グルグル描き、スタンプ遊び、デコボコ粘土。乳児組の作品は、子どもたちの「今」という瞬間が表現されている世界でたったひとつの作品です。踊るような線、弾んだ形などひとつひとつが持つエネルギーをお楽しみください。
噛む力をつける
離乳食の始めは、子どもの下あごを上に持ち上げ、口を結んで飲み込むことを促し、「もぐもぐ、おいしい！」などとことばがけをします。大人が口を動かしながら噛むようすを見せてあげるのもよいでしょう。発達に合わせて、少しずつ硬いものを食べる工夫が大切です。
火の用心
タバコの火が原因で火事になるケースが増えています。うっかり消し忘れることのないように注意してください。
そろそろ、ストーブを使う季節になりました。ストーブのそばで走ったりすると、火災ややけどなどの原因になったりします。ちょっとした油断が事故のもと。気を引き締めたいと思います。
行事予定
○日・・・避難訓練
○日・・・作品展
○日・・・バザー
○日・・・誕生会
11月生まれのおともだち
ありた　かほ　ちゃん
やべ　りょうた　くん
おめでとう

POINT 園では今、どんな食事をしているか、離乳食はどこまで進んだか……など、家庭での実践のヒントになるようなテーマを盛り込んでみましょう。

POINT 冬の安全管理については、大人全員が気を配ることが大切です。

P054-01

3～6か月児

P054-02

P054-03

P054-04

P054-05

P055-01

P055-02

P055-03

7～9か月児

P055-04

P055-05

P055-06

P055-07

P055-08

P055-09

P055-10

10～12か月児

P055-11

P055-12

P055-13

P055-14

P056-01

P056-02

P056-03

1～2歳児

P056-04

P056-05

P056-06

P056-07

P056-08

P056-09

P056-10

誕生日

P056-11

P056-12

P056-13

P056-14

季節・自然

P057-01

P057-02

P057-03

P057-04

P057-05

P057-06

P057-07

飾りケイ

P057-08

P057-09

P057-10

P057-11

P057-12

P057-13

P057-14

P057-15

タイトル文字

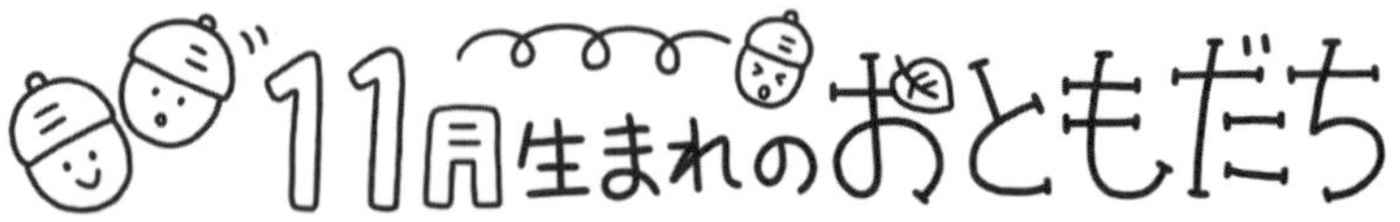
11月生まれのおともだち

P058-01

おんがくかい

P058-02

クラスだより

P058-03

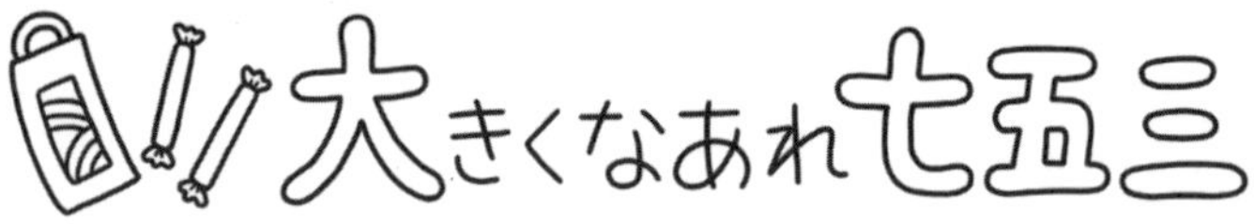
大きくなあれ七五三

P058-04

みにきてね作品展

P058-05

バザーのお知らせ

P058-06

囲みイラスト付き文例

薄着で元気！

街路樹も色づき始め、秋が深まってきました。朝晩も冷え込むようになって、子どもたちのくしゃみや鼻水も多くなっています。園では昼間の暖かい時間にはできるだけ薄着で体を動かすようにして、寒さに負けない体力作りをしていきたいと思っています。

11月の乳児　P058-07

見に来てね 作品展

子どもたちの手形、グルグル描き、スタンプ遊び、デコボコ粘土。乳児組の作品は、子どもたちの「今」という瞬間が表現されている世界でたったひとつの作品です。踊るような線、弾んだ形などひとつひとつが持つエネルギーをお楽しみください。

作品展　P058-08

噛む力をつける

離乳食の始めは、子どもの下あごを上に持ち上げ、口を結んで飲み込むことを促し、「もぐもぐ、おいしい！」などとことばがけをします。大人が口を動かしながら噛むようすを見せてあげるのもよいでしょう。発達に合わせて、少しずつ硬いものを食べる工夫が大切です。

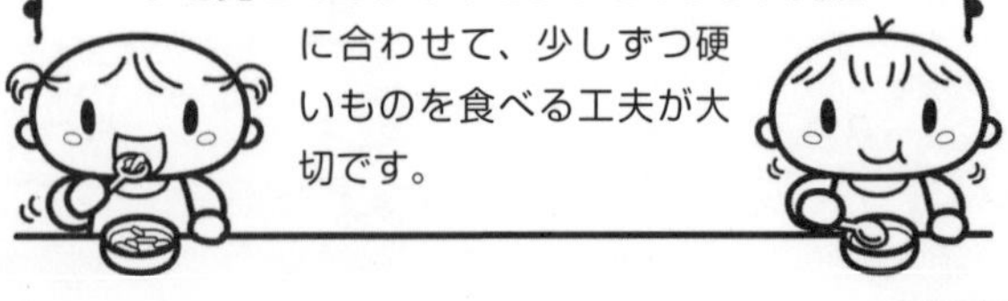

食育　P058-09

下痢について

腸に炎症のある下痢は、粘液便になります。粘液もなく元気できげんも悪くないときは、離乳食をやめる必要はありません。量を少し控えてようすを見ましょう。下痢が続くときには、消化のよい食品を選び、水分を多めに与えるようにしましょう。

健康　P058-10

11月の文例

書き出し文例

園庭の木々が、赤や黄色に変身しました。ちらちらと舞い落ちる葉を追いかけたり、落ち葉を集めたり、木の周りは子どもたちのすてきな遊び場です。 P059-01

早くも木枯らしが吹き、冬の足音がすぐそばで聞こえてきました。11月は霜月と呼ばれる名のとおり、霜が降り始め朝晩の寒暖の差が激しい月です。健康に気をつけて過ごしましょう。 P059-02

行事

火災予防運動 タバコの火が原因で火事になるケースが増えています。うっかり消し忘れることのないように注意してください。 P059-03

火災予防運動 そろそろ、ストーブを使う季節になりました。ストーブのそばで走ったりすると、火災ややけどの原因になったりします。ちょっとした油断が事故のもと。気を引き締めたいと思います。 P059-04

作品展 子どもたちがちぎった紙を、先生が台紙にはりました。偶然できた形ですが、なかなかの力作です。見に来てください。 P059-05

作品展 粘土遊びがじょうずになってきた子どもたちです。おだんごやヘビさんなど、かわいい形がせいぞろい。手先・指先がよく動くようになりました。 P059-06

0歳

子ども だれに抱かれてもニコニコしていたのに、最近は、人の顔を見分ける知恵がついてきたのでしょう。○○先生の姿を見ると、格別の笑顔を振りまき「アーア、レロレロ」など、自分のできるすべての言葉で、うれしさを表現します。 P059-07

子ども 忙しいときに、「まっててね」と言って中座したら、動かずに待っていてくれました。大人の言う言葉の意味が、かなりわかるようになった証拠です。 P059-08

食育 リンゴのおいしい季節。赤ちゃんもすりおろしたリンゴが大好きです。リンゴは、風味が落ちやすいので、ビニール袋ではなく、ポリ袋に入れて冷蔵庫に入れておくとよいですよ。 P059-09

健康 赤ちゃんの体の中にあった免疫がなくなってくるとかぜや伝染病にかかりやすくなります。今年のかぜも手ごわそう。予防接種は親子共々受けるようにしましょう。 P059-10

連絡帳 黄金色に近づいたイチョウの葉がヒラリヒラリと散り始めました。小鳥が舞っているようなそのようすを、○ちゃんはじーっと目で追っていましたが、そのうち、手をヒラヒラさせました。落ち葉の動きをまねっこしたのかな。 P059-11

1歳

子ども ボタンで付けたり外したりする動物のおもちゃがお気に入り。「もういっかい」と言いながら遊ぶうちに、イヌ・ネコなどの名前も覚え始めました。 P059-12

子ども 絵本を逆さまに持って、じっと見ていました。そのうち、正しい方向がわかってくることでしょう。今は、本を持ったり触ったりすることを、たくさん経験させてあげたいと思います。 P059-13

食育 小食で困っている子の中には、おやつを食べすぎて食欲がないという場合があります。子どもがぐずったりすると、おとなしくさせようとして、すぐお菓子を与えがち。これは栄養バランスを崩すので要注意です。 P059-14

健康 インフルエンザなどの感染症がはやっています。子どもが吐いたときは、マスクや手袋をしておう吐した物をすばやく取り去り、その場所を消毒します。このとき窓を開け、換気を忘れないでください。 P059-15

連絡帳 フープを持ったり、くぐったりすることが大好きです。自分の好きな遊びを見つけ、じっくり遊び込めるようになってきました。 P059-16

2歳

子ども 散歩で公園のカシの木の下に着いたとたん、みんな「わあーっ！」としゃがみ込み、夢中でドングリを拾い始めました。時々イチゴパックを揺すっては、たまったドングリのゴロゴロする音を楽しみ、どの子も両手で大事そうにパックを抱えて帰ってきました。 P059-17

子ども みんなの描いたクレヨンのグニュグニュ線を、「スパゲティ」に見たてて、作品展に飾ります。まだメチャクチャ描きですが、色や形に興味を持ち始めていることは確かです。 P059-18

食育 栗のおいしい季節です。栗はゆで加減がわかりにくいですが、細い針が皮の上からスーッと差し込めるようなら中までちゃんと火が通っています。園の給食にも栗ごはんが出ますよ。 P059-19

健康 かぜの予防のポイントは、栄養・休養そして保温と保湿です。秋冬の野菜には、かぜに対する抵抗力を高めるベータカロチンやビタミンがたくさん含まれています。おうちでも旬の野菜や果物を食卓にたくさんのせてください。 P059-20

連絡帳 子ども用のエプロンを着けたら、エプロンの上にブロックを乗せ、すそを持って落とさないように歩いて、おもちゃ箱までたどり着き、ブロックをザァーッと箱の中に入れました。合理的なかたづけ方を考えついたのかな？! P059-21

12月 冬の行事を楽しみましょう

POINT 行事の楽しさを文章やイラストで伝えましょう。

12月 クラスだより

○○園　○○組　○月○日発行　担任：○○・○○

北風が吹き、冬が駆け足でやってきました。今月はおもちつきやクリスマス大会など、ワクワクするような行事がいっぱい。楽しい会になるよう進めていきたいと思います。
そして行事を通して、優しい気持ちを育てていきたいと思います。

行事予定

○日・・・もちつき大会
○日・・・お楽しみ会
○日・・・大掃除
○日・・・誕生会

12月生まれのおともだち

すみの　ひな　ちゃん
きむら　はやと　くん

おめでとう

もちつきペッタン

ペッタン　ポッタンと、もちをつく音が聞こえると、大人も子どもも心がうきうきしてきます。○日に、もちつき大会を開催します。

赤ちゃん組は、おもちは食べませんが、おうちへのおみやげ「おもち」がありますよ！

お楽しみ会 始まるよ

今年も、あと1か月となりました。年長組が中心となって、1年の締めくくりを兼ね、お楽しみ会を開きます。どんなお楽しみが飛び出すかな。赤ちゃん組はVIP待遇でのご招待です。

お願い

保育室をきれいに掃除して新年を迎えたいと思います。
特に、おもちゃの修理やぬいぐるみのほつれ直しなど…ぜひみなさまのお力を貸してください。

すくすく赤ちゃんだより

食事のあと、ガーゼで顔をふこうとすると、両手ではらいのけ、大あばれ。それでもふくと、大声を出します。「ほーら　きれいになった」と声をかけると、プイッと横を向いて、自分の気持ちを伝えようとする姿には、おもわず笑ってしまいます。言葉は出ないのに、ちゃんと自分の思っていることを全身で相手に伝える赤ちゃんパワーは本当にすごい！と感服する毎日です。

POINT 子どもの成長を保育者がどう受け止めているかわかるように伝えます。

POINT 年末の忙しい時期にお願いするときは、特に相手の立場を思いやる文章を心がけましょう。

P060-01

3～6か月児

P060-02

P060-03

P060-04

P060-05

P061-01

P061-02

P061-03

7～9か月児

P061-04

P061-05

P061-06

P061-07

P061-08

P061-09

P061-10

10～12か月児

P061-11

P061-12

P061-13

P061-14

P062-01

P062-02

P062-03

1～2歳児

P062-04

P062-05

P062-06

P062-07

P062-08

P062-09

P062-10

誕生日

P062-11

P062-12

P062-13

P062-14

季節・自然

P063-01

P063-02

P063-03

P063-04

P063-05

P063-06

P063-07

飾りケイ

P063-08

P063-09

P063-10

P063-11

P063-12

P063-13

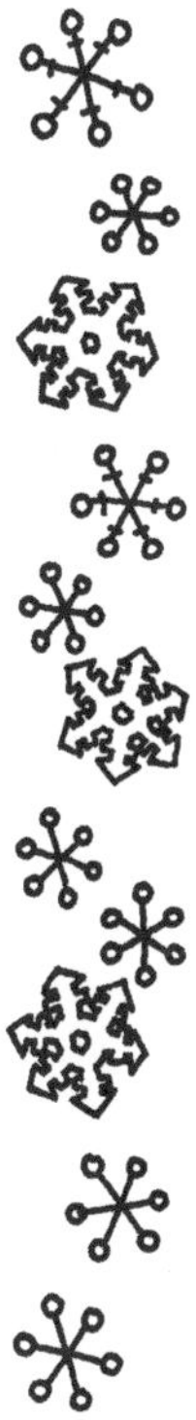

P063-14

P063-15

タイトル文字

12月生まれのおともだち
P064-01

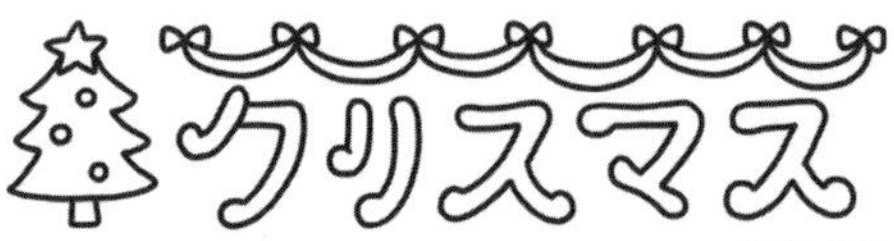
クリスマス
P064-02

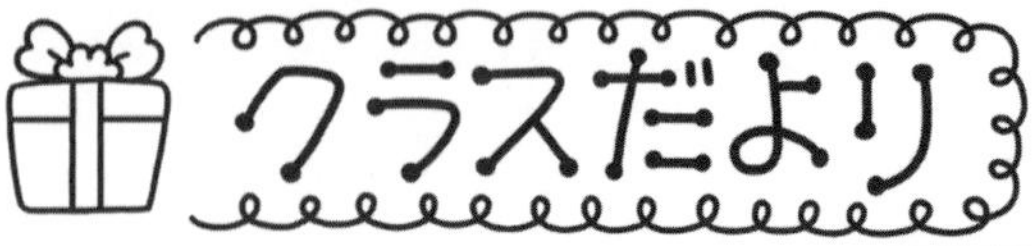
クラスだより
P064-03

もうすぐお正月
P064-04

かぜにご注意
P064-05

もちつきペッタン
P064-06

囲みイラスト付き文例

音楽だいすき！

クリスマスの音楽がかかると、体中でリズムを取る子どもたち。音楽が止まると動作もピタッと止まり「アンアン」と声を出して催促します。弾んだ音、きれいな音、やさしいメロディー、音楽の魅力が子どもたちの感性を刺激しています。

12月の乳児 P064-07

サンタさん来るかな？

２歳児になると「クリスマス」や「サンタさん」への期待が高まって、「サンタさん来る？」など盛んに聞くようになります。今年のクリスマス会は、サンタさんを囲んで、みんなで歌ったり遊んだりする、楽しい１日にしたいと思っています。お楽しみに！

クリスマス会 P064-08

朝食を食べましょう

最近、朝食を食べていない園児が増えています。夜型の大人の生活が子どもたちにも影響を及ぼしているようです。体力の少ない子どもたちには朝食は大切なエネルギー源。生活のリズムを整えて、しっかり朝ごはんを食べましょう。

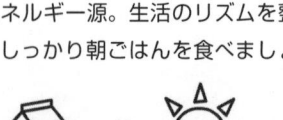

食育 P064-09

かぜの予防

新型インフルエンザの流行などによって、かぜ予防への関心が高まっています。赤ちゃんのいるご家庭では、ご家族全員でしっかりとした予防をすることが大切です。手洗い、うがいなどのほか、食事、睡眠など生活のリズムも整えることが大切です。

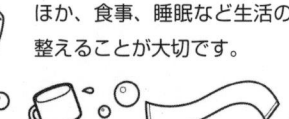

健康 P064-10

12月の文例

書き出し文例

北風が吹き、冬が駆け足でやってきました。今月はおもちつきやクリスマス大会など、ワクワクするような行事がいっぱい。楽しい会になるよう進めていきたいと思います。そして行事を通して、優しい気持ちを育てていきたいと思います。 P065-01

街にクリスマスソングが流れ、花屋の店先に、まっかなポインセチアが、「メリークリスマス」というように咲いています。冷たい風が吹いてもなぜか心はポカポカ、ワクワクする12月です。 P065-02

行事

クリスマス 白いおひげに赤い服。でも、なぜかメガネをかけたサンタさんが○○園にやって来ますよ。赤ちゃん組はベビーベッドに、靴下を下げました。プレゼントはなにかな。 P065-03

大掃除 保育室をきれいに掃除して新年を迎えたいと思います。特に、おもちゃの修理やぬいぐるみのほつれ直しなど…ぜひみなさまのお力を貸してください。P065-04

お楽しみ会 今年も、あと1か月となりました。年長組が中心となって、1年の締めくくりを兼ね、お楽しみ会を開きます。どんなお楽しみが飛び出すかな。赤ちゃん組はVIP待遇でのご招待です。 P065-05

0歳

子ども だっこより、おんぶが好きな子がいます。冬のおんぶは、体が暖まるので安心感が得られますが、長時間のおんぶは血流が悪くなるので、30分をめどにおろすようにしています。 P065-06

食育 離乳食も進み、口の中で食べ物の量を調節しようとする力が身についてきました。しっかりすりつぶしたゆでたカボチャやジャガイモ、ニンジン、カブなどをじょうずにゴックン…とできるようになりました。 P065-07

健康 干したふとんは気持ちが良いですね。でも冬場は、長時間干すと、かえって冷えてしまいます。午前中から昼まで、遅くても2時には取り込みましょう。 P065-08

連絡帳 自分から進んでハイハイの姿勢になり、人形を見せると、近づいて来ます。人形を遠くにずらすと「待て〜っ！」という顔でハイスピードハイハイで追いかけて来るようになりました。 P065-09

1歳

子ども 牛乳パックを高く積み上げたら、勢いよく両手でパンチ!! カラカラと崩れる牛乳パックを見て大喜び…こんな遊びを繰り返し、楽しんでいます。 P065-10

子ども 自分の気持ちをコントロールすることや、言葉でうまく表現できないときに、子どもは「かみつく」という行動に走ることがあります。かんだ子には、「痛いから、かんじゃだめ」と注意をし、同時に「これがほしかったの？ 貸して…って言おうね」と言葉で伝える方法を教えるようにしています。 P065-11

食育 「いただきます」「ごちそうさま」と、頭を下げるまねができるようになりました。食べ物を大切にする気持ちが、ここから育ってきてくれたらうれしいですね。 P065-12

健康 耳の下やあごの下がはれて、痛がったら、おたふくかぜ（流行性耳下腺炎）かもしれません。あごのはれは7日間くらいで治まりますが、飛沫感染するので出席停止になります。早めに医師の診断を受け、はれている部分を冷やしてあげましょう。 P065-13

連絡帳 入り口に飾ってあるクリスマスツリーが気になるらしく、ひとりで歩いて見に行きます。金モールにそっと手を伸ばし、触ってみてすぐ手を引っ込めたりしています。モールが生き物だと思っているのかもしれません。 P065-14

2歳

子ども 草木も虫も動物たちも眠る静かな冬。でもよーく見てみると、あちこちに冬の自然が息づいています。かれ葉の裏で寝ているテントウムシを見つけた○ちゃん。「ねんね、いいこ」とテントウムシを褒めていました。 P065-15

子ども このごろ、絵本の読み聞かせをしていると、子どもたちがのめり込んでくる手ごたえを感じます。内容をよくつかみ、「おおきいカブ」「ウントコショ…」など、楽しそうな声が響きます。 P065-16

食育 パンのミミを油できつね色に揚げ、シナモンを混ぜたグラニュー糖をまぶすだけで、安くておいしくて、腹もちのよいおやつができ上がります。おうちでも作ってみてください。 P065-17

健康 食後、5分〜30分の間に、口の中の歯垢が酸性になり始め、虫歯になりやすい条件が整うといわれています。細菌が動き始める前に、食べたらすぐ歯みがきですよ！ P065-18

連絡帳 マットの上を転がる遊びをしている子どもたちを離れた所からじっと見ていた○ちゃん。決意したように、近づいてきて、「あ・そ・ぼ」と言いました。「いれて」の意味だったのでしょう。みんなが「いいよ」と言ったので、その後しばらく、マット遊びに夢中でした。 P065-19

1月

生活習慣が身についてきているようすを伝えましょう

POINT 年頭のあいさつを兼ねて、今年の目標や残り３か月の具体的な過ごし方なども書いてみましょう。

POINT 楽しさが期待できる文章にしましょう。

1月 クラスだより

○○園　○○組　○月○日発行　担任：○○・○○

今年もよろしくお願いします

明けましておめでとうございます。初日の出を仰ぎ見ながら、今年も乳児組の子どもたちのすこやかな成長をお祈りしました。毎日変化する子どもたちの一瞬一瞬を、しっかりと見守りたいと思っています。本年もどうぞよろしくお願いいたします。

新年会のお知らせ

新しい年が始まりました。今年もきっと楽しいことが待っていますよ。その第一弾が新年会です。年長組の合奏や先生のかくし芸など、こうご期待!!

じょうずに食べよう

離乳食が安定してきたころに、主食しか食べない、またはおかずしか食べないなど偏りが出てくることがあります。おかずをのど越しのよいものにしたり、主食におかずを刻んで混ぜたりするなど、食べやすくなるように調理法を工夫してみましょう。

寝つきが悪いときは

運動、食事が十分に足りているのに、赤ちゃんがぐずぐずして寝つきが悪いときがあります。このような場合、かぜぎみ、便秘など体調不良のことがあるので、落ち着いて入眠できるように体を温め、体調の変化に注意することが大切です。

行事予定

○日・・・新年会
○日・・・保護者会
○日・・・誕生会

1月生まれのおともだち

とだ　はるき　くん
さいとう　ひより　ちゃん

豆知識

じゅうたんの上に子どもがおもらししてしまったら、まずお湯で絞ったぞうきんで、よくふき取ります。次に酢を少量付けたぞうきんでふき、アンモニアを中和させ、さらにもう一度お湯ぶきすると、汚れもにおいもきれいに取ることができます。

POINT 保護者の方が家庭の育児で困っているテーマを取り上げて、お役だち情報として提供しましょう。

P066-01

3～6か月児

P066-02

P066-03

P066-04

P066-05

P067-01

P067-02

P067-03

7～9か月児

P067-04

P067-05

P067-06

P067-07

P067-08

P067-09

P067-10

10～12か月児

P067-11

P067-12

P067-13

P067-14

P068-01

P068-02

P068-03

1～2歳児

P068-04

P068-05

P068-06

P068-07

P068-08

P068-09

P068-10

誕生日

P068-11

P068-12

P068-13

P068-14

季節・自然

P069-01

P069-02

P069-03

P069-04

P069-05

P069-06

P069-07

飾りケイ

P069-08

P069-09

P069-10

P069-11

P069-12

P069-13

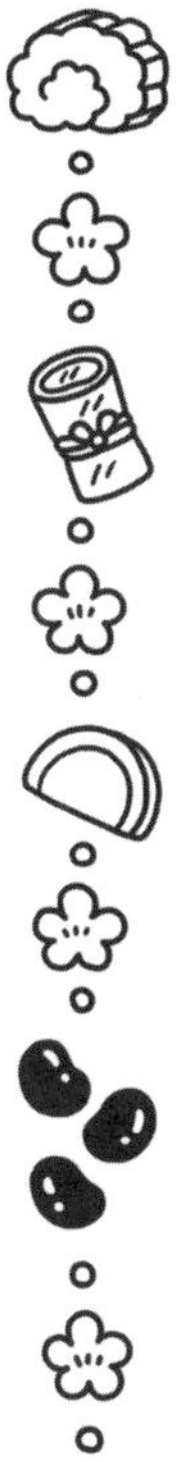

P069-14

P069-15

タイトル文字

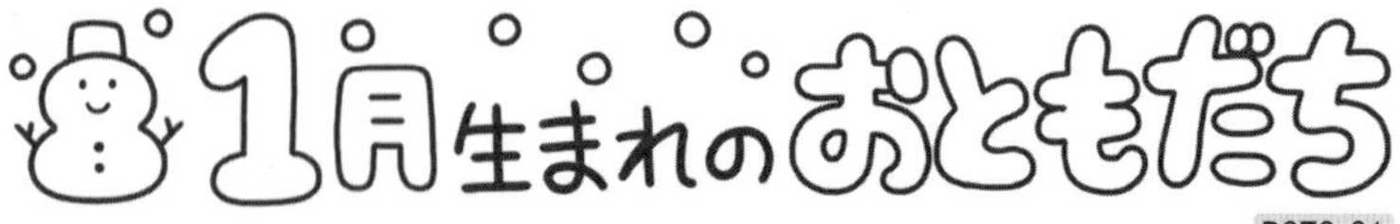
1月生まれのおともだち

P070-01

お正月

P070-02

クラスだより

P070-03

あけまして
おめでとうございます

P070-04

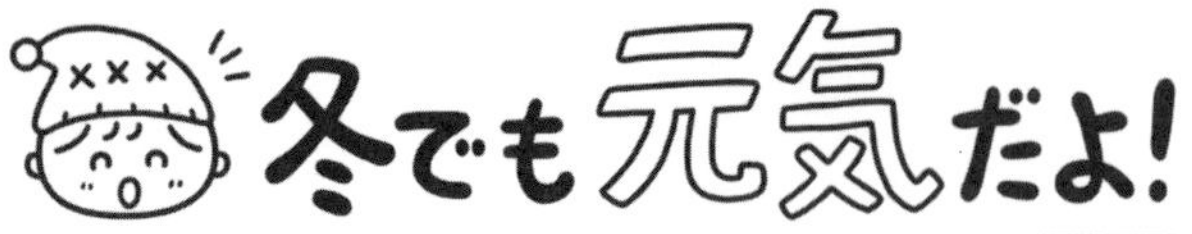
冬でも元気だよ!

P070-05

A HAPPY NEW YEAR!

P070-06

囲みイラスト付き文例

今年もよろしくお願いします

明けましておめでとうございます。初日の出を仰ぎ見ながら、今年も乳児組の子どもたちのすこやかな成長をお祈りしました。毎日変化する子どもたちの一瞬一瞬を、しっかりと見守りたいと思っています。本年もどうぞよろしくお願いいたします。

1月の乳児 P070-07

楽しかったね お正月

お正月は、親戚が集まったり、初詣に出かけたりするなど、子どもたちにとっては、いろいろな体験ができたのではないでしょうか。ふだんの生活が変化することや、新しい刺激にふれることも子どもの成長には必要ですが、疲れを残さない配慮も大切ですね。

お正月 P070-08

じょうずに食べよう

離乳食が安定してきたころに、主食しか食べない、またはおかずしか食べないなど偏りが出てくることがあります。おかずをのど越しのよいものにしたり、主食におかずを刻んで混ぜたりするなど、食べやすくなるように調理法を工夫してみましょう。

食育 P070-09

寝つきが悪いときは

運動、食事が十分に足りているのに、赤ちゃんがぐずぐずして寝つきが悪いときがあります。このような場合、かぜぎみ、便秘など体調不良のことがあるので、落ち着いて入眠できるように体を温め、体調の変化に注意することが大切です。

健康 P070-10

1月の文例

書き出し文例

「寒い」と言いながらも、自分から戸外に出ようとする子どもたち。冬将軍なんかに負けてはいません。 P071-01

雪が降り、園庭はまっ白！　赤ちゃん組もしっかり防寒して戸外に出て、雪を触ってみました。その冷たさに、ちょっとびっくりした初雪初体験でした。 P071-02

行事

お正月 早起きして初日の出を見に行きました。昇る朝日の輝きは子どもたちのひとみのよう。私もガンバルぞ、と心の中でそっと…。でも、しっかりつぶやきました。本年もよろしくお願いいたします。 P071-03

お正月 新年明けましておめでとうございます。今年も子どもたちといっぱい笑って、いっぱいいっぱい楽しい毎日を過ごしたいと思います。 P071-04

新年会 新しい年が始まりました。今年もきっと楽しいことが待っていますよ。その第一弾が新年会です。年長組の合奏や先生のかくし芸など、こうご期待!! P071-05

0歳

子ども ティッシュペーパーの空き箱に、サテンの布地を何枚も入れて、引っ張り出す遊びが人気です。だんだんじょうずに引き出せるようになり、あっという間にからになってしまいます。 P071-06

子ども 両手をつないで座り、子どもの体をゆっくり前後に倒したり引いたりします。「おふねはぎっちらこー」と歌いながらやると、タイミングをじょうずに取りながら体を動かせるようになりました。 P071-07

食育 ヨーグルトに含まれるビフィズス菌は、腸の免疫を高めるといわれています。離乳食にも適しているので、毎日少しずつでも摂取しましょう。 P071-08

健康 寒い日が続いていますが、赤ちゃんは新陳代謝が盛んなため、室内では衣類は、大人より１枚少なく着せてあげてください。 P071-09

連絡帳 お座り専門の○ちゃんでしたが、最近は立とうとして、物につかまりたがります。つかまって立ったものの、今度は座ることができず、泣きだしてしまうこともありますが、確実に日々成長している姿が、頼もしいです。 P071-10

1歳

子ども 空き箱を自動車に見たてて「ブーッ、ブーッ」などと動かす、見たて遊びができるようになりました。イメージの世界が広がってきたのでしょう。 P071-11

子ども 「頭はどこ？」と問いかけると、触って示せるようになりました。「目」も「耳」もわかります。「○ちゃんはどこ？」と言うと自分を指さし、得意そう。「わかった」「知ってる」「できるよ」が、子どもの脳と心を育てるのですね。 P071-12

食育 コップを自分でつかみ、「イッキ飲み」をしようとして、むせたりブーッと出したりして、大さわぎになることがあります。できない自分に腹をたてて、コップを投げたりすることもあるので、飲み物は少量ずつコップに入れるようにしています。 P071-13

健康 オマルでの排せつを卒業し、便器でできるようになりました。またパンツをひとりで脱ごうとがんばっているので「すごいね」と褒めてあげると、うれしそうです。 P071-14

連絡帳 遊んでいるとき、ひとりごとを言っています。「ボール」「ホン」「ツイキ（ツミキのことらしい）」などの単語に混じって「アルラルラ」「ロレロレ」などの宇宙語も入っています!? P071-15

豆知識 じゅうたんの上に子どもがおもらししてしまったら、まずお湯で絞ったぞうきんで、よくふき取ります。次に酢を少量付けたぞうきんでふき、アンモニアを中和させ、さらにもう一度お湯ぶきすると、汚れもにおいもきれいに取ることができます。 P071-16

2歳

子ども 先日、思いかけず雪が降り積もりました。○組さんも長靴を履き、おっかなびっくり戸外に出て、雪の冷たさや、溶けてなくなってしまうことなどを体で感じ取りました。 P071-17

子ども 大きい組さんのたこ揚げを見て、まねをしたくなったようです。スーパーのレジ袋の持ち手にひもを付けた簡単なたこを作り、持たせました。ちょっと走るだけでよく揚がり、たこ揚げの気分を満喫しました。 P071-18

食育 子どもの大好きなソーセージやちくわなどの加工食品には、リンが含まれています。これを食べすぎると、カルシュウムの吸収が悪くなります。手軽でおいしいけれど、ほどほどにしましょう。 P071-19

健康 靴の右と左を見分けられるよう、靴の甲に、左右そろったときに、つながってひとつの絵柄となるような絵を描いておきましょう。例えば、魚とか、チョウチョウなど…。また、靴が足に合っているか、時々チェックしてみてください。 P071-20

連絡帳 言葉の発達には個人差があります。口の重い子は、無理にしゃべらせようとするのではなく、おうちの方が「○○したいのね」「これはなにかな」など、明るく話しかけてみてください。きっと、会話する楽しさがわかってくると思います。 P071-21

2月

言葉が発達していくようすを伝えましょう

POINT 冬ならではの自然や環境の変化に目を向けるきっかけになる文章を書きましょう。

POINT 行事について書くときは、楽しく参加するようすが伝わるよう、明るく元気な文章を書きましょう。

2月 クラスだより

○○園　○○組　○月○日発行　担任：○○・○○

鼻をまっかにして、白い息を吐きながら、元気良く登園してくる子どもたち。1年でいちばん寒い月がやってきました。今月はこの寒さを生かして氷作りをしたり、霜柱を見つけたり、冬の自然に興味を持たせる活動を取り入れていきたいと思います。

鬼は外福は内

節分が近づいて、子どもたちは、鬼のお面作りをしています。心の中に住んでいるのは、泣き虫鬼？　けんか鬼？　怒りんぼう鬼？
元気に豆まきをして、鬼を追い出し、幸せの福の神、そして暖かい春も招き入れましょう。
○日には、各クラスにメガネをかけた鬼さんが来ますよ！

おしらせ

○日に、身体計測を行ないます。さあ、みんな、ぞうさんに負けないぐらい重たくなったかな？　シャツ、パンツ、靴下などに名前の記入をお忘れなく。

かぜをひいたときは…

かぜをひくと、鼻が詰まり、のどに痛みがあることで、食欲が落ちることがあります。食欲がないときには、片栗粉などでとろみをつけ、のど越しのよい、食べやすい調理法を工夫しましょう。熱のあるときには水分補給が大切です。

行事予定

○日・・・豆まき
○日・・・身体計測
○日・・・誕生会

2月生まれのおともだち

せりざわ　みう　ちゃん
いのうえ　よう　くん
うえの　まな　ちゃん

赤ちゃんのおしゃべり

喃語がとてもじょうずになり、遠くで聞いていると本当に言葉をしゃべっているのかと思うくらい、微妙な抑揚やイントネーションを「レロレロバブバブ…」だけで表現しています。

POINT 0・1・2歳は、言葉が発達していくようすがよくわかるときです。日常のエピソードを入れて、その変化を知らせましょう。

P072-01

3～6か月児

P072-02

P072-03

P072-04

P072-05

P073-01

P073-02

P073-03

7～9か月児

P073-04

P073-05

P073-06

P073-07

P073-08

P073-09

P073-10

10～12か月児

P073-11

P073-12

P073-13

P073-14

P074-01

P074-02

P074-03

1～2歳児

P074-04

P074-05

P074-06

P074-07

P074-08

P074-09

P074-10

誕生日

P074-11

P074-12

P074-13

P074-14

季節・自然

P075-01

P075-02

P075-03

P075-04

P075-05

P075-06

P075-07

飾りケイ

P075-08

P075-09

P075-10

P075-11

P075-12

P075-13

P075-14

P075-15

タイトル文字

2月生まれのおともだち

P076-01

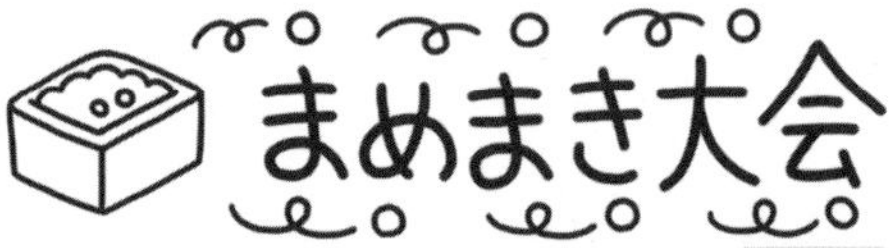
まめまき大会

P076-02

クラスだより

P076-03

バレンタインデー

P076-04

鬼は外福は内

P076-05

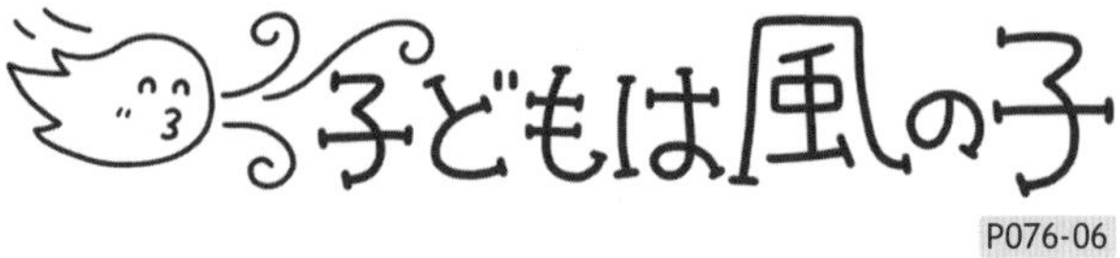
子どもは風の子

P076-06

囲みイラスト付き文例

寒さに負けず

木枯らしが吹き、園庭の木々も寒そうに見えますが、枝の先には小さな新芽が膨らんでいます。木々はもう春を感じているのですね。子どもたちは室内遊びでも、しっかり体を動かし体力をつけて、戸外遊びの季節に備えています。

2月の乳児　P076-07

福は内！ 鬼は外！

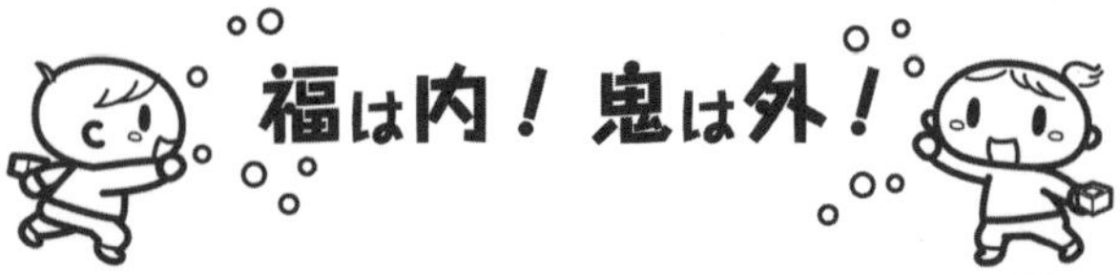

今まで乳児組には、泣き虫鬼や、怒りんぼう鬼がたくさんいたのですが、このところ、ニコニコ鬼の数が増えてきました。自分の思いを言葉や行動でじょうずに伝えることができるようになったのですね。豆まきがすむともう春はそこまできています。

豆まき大会　P076-08

かぜをひいたときは…

かぜをひくと、鼻が詰まり、のどに痛みがあることで、食欲が落ちることがあります。食欲がないときには、片栗粉などでとろみをつけ、のど越しのよい、食べやすい調理法を工夫しましょう。熱のあるときには水分補給が大切です。

食育　P076-09

アレルギーについて

アレルギー体質のある赤ちゃんの離乳食には、慎重な取り組みが必要です。母乳以外のたんぱく質を摂取するときには、健康なときを選び、少量ずつ、よく加熱します。低月齢では始めないようにするなど、注意しましょう。

健康　P076-10

2月の文例

書き出し文例

鼻をまっかにして、白い息を吐きながら、元気良く登園してくる子どもたち。1年でいちばん寒い月がやってきました。今月はこの寒さを生かして氷作りをしたり、霜柱を見つけたり、冬の自然に興味を持たせる活動を取り入れていきたいと思います。 P077-01

雪に覆われた木々の枝にも、小さな新芽が顔をのぞかせています。私たちが寒い寒いと体を縮めていても、自然は、いちはやく春を感じ取っているのですね。 P077-02

行事

節分 子どもたちが手作りした、怒りんぼう鬼の像ができ上がり、今、ホールに飾ってあります。鬼の胸毛の手形は赤ちゃん組のものです。節分の日には、この鬼に豆を投げ、心の中の鬼を追い出し、福を呼びます。 P077-03

0歳

子ども 冬晴れの日なたは、風が吹かなければホッコリ　ホカホカ　あったか〜い！　赤ちゃんといっしょに、日なたぼっこを楽しんでいます。 P077-04

子ども 喃語がとてもじょうずになり、遠くで聞いていると本当に言葉をしゃべっているのかと思うくらい、微妙な抑揚やイントネーションを「レロレロバブバブ…」だけで表現しています。 P077-05

食育 食事のしたくが始まると、「マンマ」と言いながらハイハイしてきます。イスに座らせてあげると「さあ、食べるぞ」といわんばかりに「オーオー」と呼びかけてきます。 P077-06

健康 乾布まさつをするときは、ガーゼか、タオルでこすります。手足は、末端から中央に向かって、おなかは時計周り、背中は上下の方向にマッサージしましょう。 P077-07

連絡帳 おもちゃを箱から出したり入れたりして遊んでいます。そんなとき「ウサギのぬいぐるみ…ピョーン」と話しかけると、うれしそう。「ウッウー」と、お返事してくれます。いっぱいおしゃべりを楽しもうね！ P077-08

1歳

子ども 先生が手をつないであげると、階段を1段1段ゆっくり下りてくることができるようになりました。初めは手すりにもつかまっていましたが、手すりなしでも下りられます。そのうち、先生の手もいらなくなるはず…ちょっと寂しいけれど…。 P077-09

子ども 「おはようございます」のあいさつが言えるようになってきました。まだ言い回しが「ゴザマス」など外国語のようなところもありますが、言葉で気持ちを伝えようとするのが伝わってきます。 P077-10

食育 離乳食が完了し、大人と同じように、1日3回柔らかいごはんを食べています。けれど、これだけでは栄養が不足するので、「おやつ」は食事の一部と位置づけて腹もちのよいものを出しています。 P077-11

健康 手洗いがじょうずにできるようになりました。でも、遊びに忙しいと手をよくふかず、しもやけになる子がいます。おうちで保湿クリームなどつけて、予防してください。 P077-12

連絡帳 ○ちゃんは、部屋の隅に自分のお気に入りの場所があり、おもちゃをそこに持って行き、友達に背を向けるようにして座り、ひとり遊びに没頭しています。この遊びを十分に楽しめば、しだいに友達と遊ぶことに目を向けると思います。 P077-13

2歳

子ども 思い思いの容器に水を入れ、一晩外に出しておいたらユニークな氷がたくさん誕生！　プリンカップでお花の形、サラダボウルを使った丸い氷、葉っぱや絵の具を入れたものなどなど。子どもたちは、「ツメターイ」と大はしゃぎでした。 P077-14

子ども 空から雪の便りが届きました。どんどん白く染まっていく園庭を、子どもたちは「お庭がかくれんぼしちゃったよ」と眺めています。そして途中からは、戸外に飛び出して雪遊び。足跡や手形をつけたり、雪団子を丸めたりして、天の贈り物を楽しみました。 P077-15

食育 節分にまく豆は大豆です。大豆は、縄文時代に中国から伝播した食べ物。牛肉と同様の必須アミノ酸が含まれているので、「畑の肉」とも呼ばれています。給食には、煮豆が出ますよ。 P077-16

健康 昼間はもらさないのに、夜はおねしょをしてしまうので心配、という声をよく聞きますが、成長するにつれ抗利尿ホルモンが分泌されます。おねしょは、このホルモンがまだ十分でないからです。心配しないで優しく見守ってください。 P077-17

連絡帳 かぜがはやっていて、お休みの子がいます。「今日のお休みはだれ？」と、何げなく言ったら、○ちゃんがとてもはっきり「△ちゃん」とこたえてくれたのには、驚きました。友達との関係が深まってきているのですね。 P077-18

連絡帳 豆まき大会の日に、鬼さんがやって来ました。みんなキャーッと逃げ出したのに、○ちゃんは笑いながら近づいてきて、「○○先生だ！」と大喜び。○○先生は「私の顔、お面と同じなのかしら」とたいそう落ち込んでいましたが、それで大笑い。笑う門には福がきそうです。 P077-19

3月

１年間の成長を喜び合いましょう

POINT
「４月からは○○ちゃんは、○歳児組に進級します。」などのひとりひとりの情報を書いてもよいでしょう。

POINT
おうちの方々へ、これまでの１年間のご協力に感謝する言葉を添えましょう。

POINT
食事・排せつ・睡眠など、生活習慣に関しては、１年でどのように変化したか、具体的な事例を挙げて伝えましょう。

3月 クラスだより
○○園　○○組　○月○日発行　担任：○○・○○

おひさまの光の中にも春を感じるようになりました。園庭の花だんには、チューリップがいっせいに芽を出し、小さいつぼみを付けています。
今月は、入園、進級など、何かと慌ただしく、園児も落ち着きを欠くときです。忙しさに流されないよう、子どもたちひとりひとりをしっかり見つめて、接するよう心がけたいと思っています。

行事予定
○日・・・ひな祭り会
○日・・・年長児卒園式
○日・・・健康診断
○日・・・誕生会

１年を振り返って
みんなそろって元気に進級の春を迎えられたことは何よりうれしいことです。子どもたちが、しっかり食べ、よく遊び、ぐっすり眠るというあたりまえのことを続けることが健康の基本。ご家族のがんばりがあってこその、この１年の子どもたちの成長です。

健康診断
１歳のお誕生日を迎えたら、１歳児の健康診断を受けましょう。この検診は主に、運動面（つかまり立ちできるか）、言語面（ママ、バイバイなど単語が話せるか）、生活面（大人の言った言葉がわかる、おもちゃに興味を示す）などを中心に診てもらいます。

3月生まれのおともだち
さわい　あかり　ちゃん
たかはし　ひびき　くん

さようなら 離乳食
１歳〜１歳半くらいになると、離乳食も終わりに近づき、大人と同じように３回食になります。けれども、急に普通食ではついてこれない子もいるので、園では、１日 300 〜 400CC くらいのミルクを与えることもあります。焦らずゆっくり、大人と同じものを食べられるようにすることが大切です。

まめちしき
園のホールにも、子どもたちの手作りびなが並びました。ところで、本物のひな人形は、向かって左に男びな、右に女びなを並べるのが、伝統的な方式です。
また、人形をしまうとき、ナフタリンなどを入れすぎると金属が変色します。箱に１つぐらいを目安に入れるとよいそうです。

P078-01

3〜6か月児

P078-02

P078-03

P078-04

P078-05

P079-01

P079-02

P079-03

7～9か月児

P079-04

P079-05

P079-06

P079-07

P079-08

P079-09

P079-10

10～12か月児

P079-11

P079-12

P079-13

P079-14

P080-01

P080-02

P080-03

1～2歳児

P080-04

P080-05

P080-06

P080-07

P080-08

P080-09

P080-10

誕生日

P080-11

P080-12

P080-13

P080-14

季節・自然

P081-01

P081-02

P081-03

P081-04

P081-05

P081-06

P081-07

飾りケイ

P081-08

P081-09

P081-10

P081-11

P081-12

P081-13

P081-14

P081-15

タイトル文字

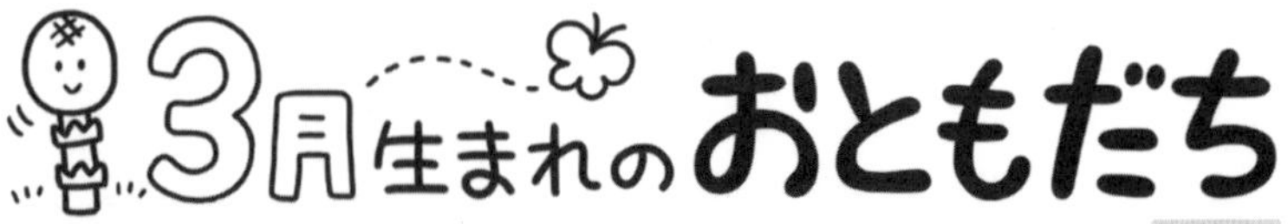
3月生まれのおともだち

P082-01

ひなまつり

P082-02

クラスだより

P082-03

1年間ありがとうございました

P082-04

おおきくなったね!

P082-05

春がきたよ

P082-06

囲みイラスト付き文例

春はすぐそこ

風はまだ少し冷たいけれど、春の日ざしに誘われるように、子どもたちは元気に戸外へ飛び出していきます。
進級の春を迎えて、子どもたちのこの1年の成長を振り返ると、そのエネルギッシュなことに驚かされます。これからの成長が楽しみです。

3月の乳児　P082-07

みんなおひなさま

にぎやかに並んだおひな様を見て、子どもたちは「きれいねー」と感嘆しています。子どもたちの健康やすこやかな成長を願う気持ちは、今も昔も変わりありません。ひなあられを食べている子どもたちの笑顔は、おひな様にも負けないくらい輝いています。

ひな祭り　P082-08

箸を使おう

遊びの中でクレヨンや鉛筆などを指を使って持てるようになったらお箸に挑戦してみましょう。初めはつかみやすい大きさの食材を用意して、うまく食べることができたら「じょうずに食べられたね」などと褒めたり励ましてあげましょう。

食育　P082-09

1年を振り返って

みんなそろって元気に進級の春を迎えられたことは何よりうれしいことです。子どもたちが、しっかり食べ、よく遊び、ぐっすり眠るというあたりまえのことを続けることが健康の基本。ご家族のがんばりがあってこその、この1年の子どもたちの成長です。

健康　P082-10

3月の文例

書き出し文例

時折、冷たい風が吹くこともありますが、春はすぐ近くまできています。公園のウメの木が満開。みんなで春のにおいをかぎに出かけました。 P083-01

おひさまの光の中にも春を感じるようになりました。園庭の花だんには、チューリップがいっせいに芽を出し、小さいつぼみを付けています。 P083-02

行事

ひな祭り トイレットペーパー芯を利用して作った、おひな様を、ホールに飾ります。クレヨンを持てるようになった2歳児組のおひな様は、前衛芸術です。必見!! P083-03

進級 子どもたちと泣いたり笑ったりしているうちに、1年間がたってしまいました。いろいろなハプニングやサプライズ満載の○組でしたが、どの子もたくましく成長し、今、新しいステップへと羽ばたこうとしています。 P083-04

卒園 大きい組のみなさん、ご卒園おめでとうございます。手をつないで散歩してくれたり、人形劇を見せてくれたりして、本当にありがとう。4月からは、いよいよ学校に通うのですね。友達をたくさんつくって、元気な小学生になってください。 P083-05

0歳

子ども だっこすると、背中をピンと伸ばし、遠くを指さし「オッ　オッ」と…あっちへ行こうという意味…自分の気持ちを伝えようとします。 P083-06

食育 先生の手を振り払って、ひとりであっちこっち歩き回るようになりました。危険がないか見守りながら、「初めての冒険」を楽しませたいと思っています。 P083-07

健康 チュウチュウとミルクを吸っていた口がパクパクと動いて離乳食に挑戦できそうになってきましたが、口に入りそうなものは、なんでもつかんで食べようとします。ボタンやビンのキャップなど、危険な「食べ物」がないか、身の回りをよーく見てくださいね!! P083-08

連絡帳 運動不足が夜泣きにつながることがあります。上半身をはだかにし、ゆっくりと手や足を伸ばし、さらに軽く肌全体をなでなでして体操しましょう。 P083-09

子ども 昼寝をさせようとして、「ねんね…」と子守歌をうたうと、眠りたくなかったのでしょう、怒って泣きだしました。自分の心の中で、「やりたい」「やりたくない」がはっきりしてきたのですね。 P083-10

1歳

子ども たたく、つまむ、転がす…といった手・指の動きがじょうずになり、使えるおもちゃや遊具の幅がぐんと広がりました。ますます器用になってきた○組さんです。 P083-11

子ども 何かの拍子に、ふたりのけんかが始まってしまいました。仲裁に入ったらひとりはケロリとして、もうひとりは、くやしがって泣き続けました。自我が育ち、いろいろな個性がぶつかり合いながら、育ってきています。 P083-12

食育 食事のマナーも少しずつ身についてきました。でも「遊び食べ」「だらだら食べ」も目につきます。あまり注意しすぎても食事が楽しくなくなるので、小言よりも、笑顔の食事タイムを実施しています。 P083-13

健康 だ液には、殺菌と消化を助ける働きがあり、よくかむとだ液もたくさん出てきます。子どもがかみ始めたら「カミカミ…」「モグモグ」など、声をかけて「よくかむこと」を教えています。 P083-14

連絡帳 毎日、絵本を読んであげることは、子どもの脳を刺激し、また情操を育てます。内容は全部理解できなくても、言葉のリズムや読み手の表現から伝わってくるものがあります。ぜひ続けて、読み聞かせが生活の一部になりますように。 P083-15

2歳

子ども 今月は、入園、進級など、何かと慌ただしく、園児も落ち着きを欠くときです。忙しさに流されないよう、子どもたちひとりひとりをしっかり見つめて、接するように心がけたいと思っています。 P083-16

子ども 言葉の数が増えるにつれて、歌がじょうずになってきました。『糸まきの歌』『むすんでひらいて』は歌いながら、しぐさもできますよ。 P083-17

食育 大人とほぼ同じようになんでも食べられるようになりました。反面、偏食もするようになってきました。見た目や気分だけで「食べたくない」と言うことも多いので、「キャッキャッキャベツは、おいしいねーっ！」と、話したりしながら、楽しい雰囲気を演出しましょう。 P083-18

健康 自分からトイレに行けるようになり、失敗することがあまりなくなってきました。あたりまえのようなことですが、子どもの努力で獲得した生活習慣です。「じょうずにできたね」との、褒め言葉は折々かけてあげたいものです。 P083-19

連絡帳 転んで泣いている友達のひざこぞうをなでてあげている○ちゃん。「○ちゃんは優しいね」と褒めたら、「ママがいつもなでてくれるの」と話してくれました。あたたかい親子関係が目に浮かびました。 P083-20

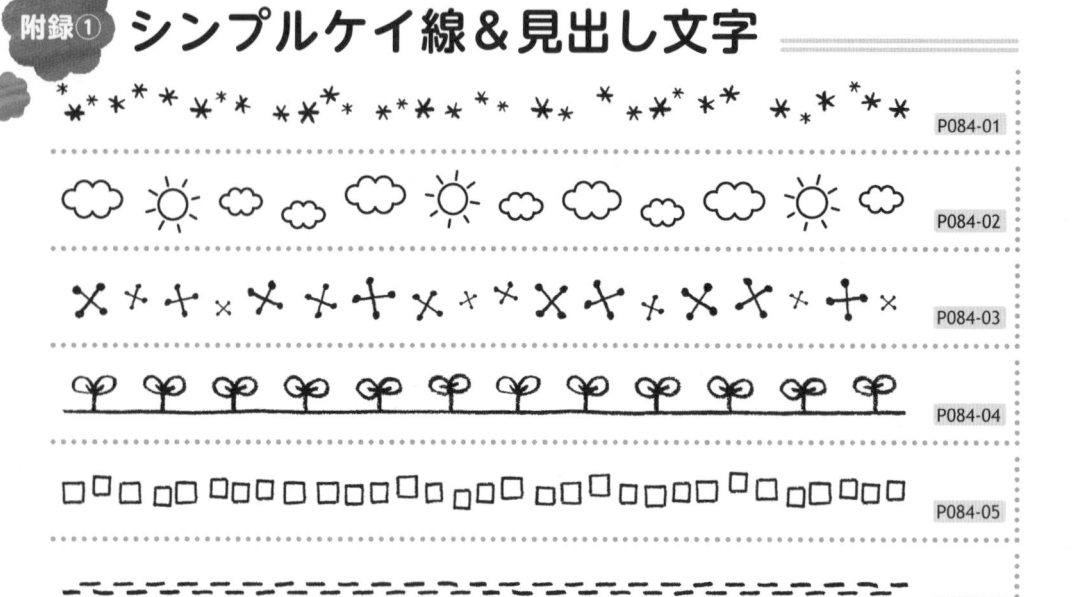

附録① シンプルケイ線&見出し文字

P084-01

P084-02

P084-03

P084-04

P084-05

P084-06

P084-07

P084-08

P084-09

P084-10

P084-11

P084-12

P084-13

P084-14

P084-15

P084-16

行事予定 P084-17

おねがい P084-18

お知らせ P084-19

食育講座 P084-20

今月の目標 P084-21

保健だより P084-22

つぶやき P084-23

ちょっとひと息 P084-24

ビッグニュース!! P084-25

豆知識 P084-26

0・1・2歳児の生活 イラスト＆文例

0・1・2歳児のおたよりや連絡帳には欠かせない、生活に関するイラストと文例をテーマごとにまとめました。

排せつ

P086-01

P086-02

P086-03

P086-04

P086-05

P086-06

P086-07

P086-08

P086-09

P086-10

P086-11

P086-12

P086-13

P086-14

P086-15

P086-16

P087-01

P087-02

P087-03

P087-04

P087-05

P087-06

P087-07

P087-08

囲みイラスト付き文例

さっぱりキレイなお尻

オムツをしている赤ちゃんは、１日に１０～２０回くらい尿が出ます。また便も、そのたびごとに、少しずつ出ていることがあるので、おしりはいつもきれいにさっぱりさせてあげましょう。園では、便のときは、お湯でひたした柔らかい布でおしりをふきます。女児は前方から後方にふいてあげましょう。これで赤ちゃんもニッコニコです。

P087-09

文例

0歳

- おむつかぶれを防ぐために、便をしたときにはガーゼかタオルなどの柔らかい布をぬるま湯で湿らせて、きれいにふき取りましょう。
P087-10
- 赤ちゃんの便の色、形状、においなどには、健康状態が反映されます。オムツ交換のときに注意して見ておくことが大切です。
P087-11

1歳

- 自立歩行、言葉の理解、排尿の間隔が整ったころが、トイレトレーニングの始めどきです。焦らず気長に取り組みましょう。
P087-12
- 排せつは個人差があるので、トイレより、オマルのほうがうまくいく場合もあります。「でるかな？」など、声かけをしてみましょう。
P087-13
- おしっこが出た後に「ちぃー」などと教えることがあります。これが排尿感覚の第一歩。「出たね」と、しっかり褒めてあげましょう。
P087-14

2歳

- トイレトレーニングが完成したかと思ったのに、逆戻りすることがあります。体調を整えてから、焦らず再挑戦しましょう。
P087-15
- 遊びに夢中になっていると、声かけしても行きたがらないこともあります。「トイレ電車出発！」など楽しい言葉で誘ってみましょう。
P087-16
- 排便は毎日でなくてもだいじょうぶですが、硬く出にくいことのほうが問題です。繊維の多い野菜や、ヨーグルトなどを摂取しましょう。
P087-17

P088-01

P088-02

P088-03

P088-04

P088-05

P088-06

P088-07

P088-08

P088-09

P088-10

P088-11

P088-12

P088-13

P088-14

P088-15

P088-16

P089-01

P089-02

P089-03

P089-04

P089-05

P089-06

P089-07

P089-08

囲みイラスト付き文例

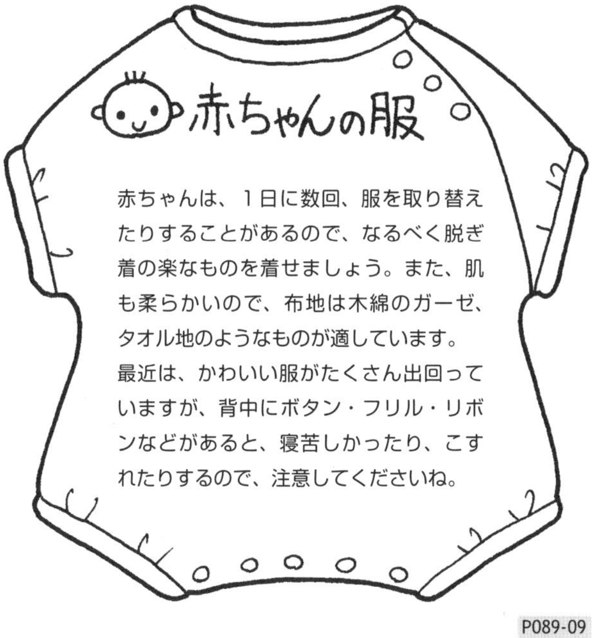

赤ちゃんの服

赤ちゃんは、1日に数回、服を取り替えたりすることがあるので、なるべく脱ぎ着の楽なものを着せましょう。また、肌も柔らかいので、布地は木綿のガーゼ、タオル地のようなものが適しています。
最近は、かわいい服がたくさん出回っていますが、背中にボタン・フリル・リボンなどがあると、寝苦しかったり、こすれたりするので、注意してくださいね。

P089-09

文例

0歳

- 服に手足を通すときには、服の外側から大人の手を通し、子どもの手足を引き出すようにし、無理に引っ張らないようにしましょう。 P089-10
- 子どもたちは、汗をかいたり、服を汚したり、1日に何回も着替えをします。前開きの着脱しやすい服を選びましょう。 P089-11

1歳

- 服を脱ぐときに「ばんざーい」と声をかけると、自分から手を挙げるようになりました。ちょっとしたひと言で着脱がスムーズになるのですね。 P089-12
- 靴下を脱ごうとして、一生懸命引っ張ってようやくすぽんと脱げたときの子どもの満面の笑顔は、とても満足そうです。 P089-13
- ボタン掛けに興味を持つようになりました。大きめのボタンの服は半分ボタンを通しておくと、うまく引き出すことができました。 P089-14

2歳

- ズボンやパンツの上げ下ろしがじょうずにできるようになりました。シャツなど下着をズボンの中に入れるのも、もうすぐできそうです。 P089-15
- 「自分でやる！」と宣言して始めた着替えがうまくできずに怒りだすこともある2歳児です。やりたい気持ちは大切にしたいですね。 P089-16
- 「ズボンのトンネルしゅっぽっぽ」などとリズミカルな声かけをすると、子どもたちは、最後までごきげんな笑顔で着替えることができました。 P089-17

睡眠

P090-01

P090-02

P090-03

P090-04

P090-05

P090-06

P090-07

P090-08

P090-09

P090-10

P090-11

P090-12

P090-13

P090-14

P090-15

P090-16

P091-01

P091-02

P091-03

P091-04

P091-05

P091-06

P091-07

P091-08

囲みイラスト付き文例

寝返りが始まります

7、8か月児になると大きく寝返りが打てるようになります。また、足を踏ん張る力が強くなるので、寝返った拍子に、大人が思いもしない方向に転がったりします。近くに布団などがあると、窒息の危険があるので、寝ているからといって安心せず、時々赤ちゃんのようすを見てあげましょう。

P091-09

文例

0歳

・音に敏感で、すぐに起きてしまうことがあります。静かな環境をつくり、途中で目覚めたら、体をリズミカルに軽くたたいて寝かしつけます。 P091-10

・ハイハイやつかまり立ちなど、体をしっかり動かした後は、ぐっすりお昼寝。目覚めた後はすっきりした笑顔が広がります。 P091-11

1歳

・生活のリズムが安定し、午後１回のお昼寝も、落ち着いて入眠できるようになりました。寝入ったときの表情は天使のようです。 P091-12

・子どもたちは、寝ている間に思いのほかよく汗をかいています。目覚めたときには汗をふき、服も取り替えてあげましょう。 P091-13

・お昼寝のタイミングがずれると、食事の前に眠くなってしまったり、夜更かししてしまうことも。生活のリズムを崩さないようにしましょう。 P091-14

2歳

・興奮するとなかなか寝つけないことがあります。寝る前に絵本を読んだり、子守歌をうたったりして心を落ち着けるようにしてみましょう。 P091-15

・大人の生活時間の影響で子どもたちも夜更かしになりがちです。睡眠不足にならないように、生活リズムを整えましょう。 P091-16

・入眠のときに指しゃぶりをする子も見られます。保育者が手をつないだり、手をなでたりしてスキンシップすることで安心するようです。 P091-17

食事

P092-01

P092-02

P092-03

P092-04

P092-05

P092-06

P092-07

P092-08

P092-09

P092-10

P092-11

P092-12

P092-13

P092-14

P092-15

P092-16

P093-01

P093-02

P093-03

P093-04

P093-05

P093-06

P093-07

P093-08

囲みイラスト付き文例

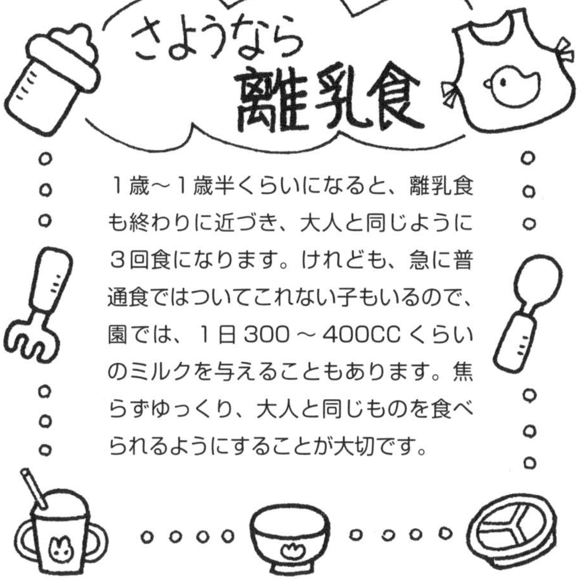

1歳～1歳半くらいになると、離乳食も終わりに近づき、大人と同じように3回食になります。けれども、急に普通食ではついてこれない子もいるので、園では、1日300～400CCくらいのミルクを与えることもあります。焦らずゆっくり、大人と同じものを食べられるようにすることが大切です。

P093-09

文例

0歳

・ミルクの量は、個人差もあり、またその日の子どもの体調によっても変化します。1回1回の量に一喜一憂しなくてもだいじょうぶです。 P093-10

・生後3か月ごろからミルク以外の味に慣れさせながら、離乳食を始めてみましょう。無理は禁物。笑顔で取り組みましょう。 P093-11

1歳

・「かみかみ」「ごっくん」がじょうずにできるようになってきました。「たくさん食べたね」などと励ましながら、お食事タイムを楽しみましょう。 P093-12

・うまくスプーンを使えないけれど、自分で食べようとする意欲が育ってきました。こぼすことが多いけれど、毎日が練習です。 P093-13

・手づかみのほうがじょうずに食べることができるので、食材を持ちやすい形にして「ひとりで食べた！」が実感できるようにしています。 P093-14

2歳

・いっぱい遊んでおなかがすくと、食事が待ちきれない子どもたちです。「お代わり欲しい人」の声にたくさんの手があがります。 P093-15

・食べ物の好き嫌いが出てきました。苦手な食材も「ニンジンロケットだ！」と声をかけると、スムーズに口の中に入っていきますよ。 P093-16

・「たまごすき！」「ハンバーグすき！」と食事中のおしゃべりはにぎやかです。その楽しさが、ますます食欲を刺激してくれるようです。 P093-17

清潔

P094-01

P094-02

P094-03

P094-04

P094-05

P094-06

P094-07

P094-08

P094-09

P094-10

P094-11

P094-12

P094-13

P094-14

P094-15

P094-16

P095-01

P095-02

P095-03

P095-04

P095-05

P095-06

P095-07

P095-08

囲みイラスト付き文例

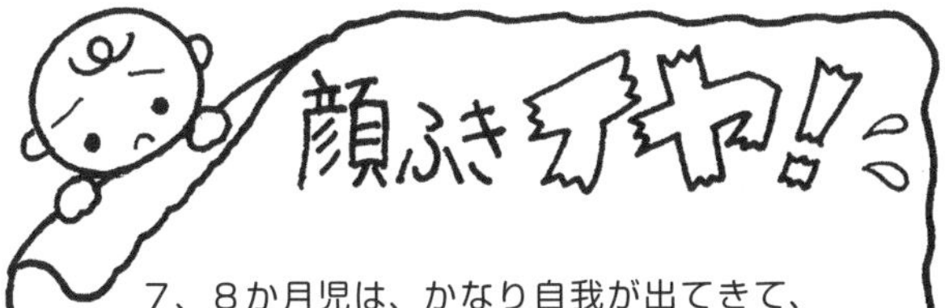

7、8か月児は、かなり自我が出てきて、嫌なことは体全体で「イヤ」を表現できるようになります。顔をふかれるのもいやなことのひとつで、顔ふきタオルを見ただけで、体を震わせて怒る子もいます。園では、「めぐろさん　まわって　はなのさか　おりて……」と、わらべうたを歌いながら楽しく顔をふくようにしたら、イヤイヤさんがだいぶ減りました。

P095-09

文例

0歳

- 授乳の後の「げっぷ」でミルクを吐くことがあります。お湯で湿らせたガーゼで口の周りをふいてあげましょう。 P095-10
- この時期は、便の回数も多いので、オムツはこまめに取り換え、体調に合わせて沐浴をして体を清潔に保ちましょう。 P095-11

1歳

- 食事を手づかみで食べることがあるので、手はできるだけせっけんを使って洗います。ぬれた手はしっかりふき取ることも忘れずに。 P095-12
- 排便の後は、ぬるま湯で洗い流すなど、おしりを清潔に保ち、オムツかぶれにならないように注意しましょう。 P095-13
- 歯が生え始めるとよだれも多くなります。よだれで、服がぬれてしまうことがあるので、着替えを多めに用意しておきましょう。 P095-14

2歳

- トイレトレーニングが始まると、失敗することも多いので、おしりをぬるま湯で洗い流し、さっぱりさせてあげましょう。 P095-15
- 手の洗い方もじょうずになってきました。バイキンのお話をして、指の間、つめ、親指など、ていねいに洗うように指導しています。 P095-16
- 乳歯が生えそろってきているので、食事の後には、歯みがきをしています。「おくちあーん」と開けるのが、じょうずにできるようになりました。 P095-17

P096-01

P096-02

P096-03

P096-04

P096-05

P096-06

P096-07

P096-08

P096-09

P096-10

P096-11

P096-12

P096-13

P096-14

P096-15

P096-16

P097-01

P097-02

P097-03

P097-04

P097-05

P097-06

P097-07

P097-08

囲みイラスト付き文例

小さいものは気をつけて

7か月児くらいになると、何でも口に入れたがります。特に、小さくて口に入るビー玉、おはじき、ビンのふた、石ころ、豆……などは、のどに詰まることもあるので、絶対に近くに置かないようにしましょう。時には鼻の穴に入れてしまうことがあり……入ってしまうと口より出にくいので大変です。安全かどうか、赤ちゃんの身の回りは、いつも点検を忘れずにお願いします。

P097-09

文例

0歳

- ねんねの時期の子どもたちは、室温、湿度に注意をし、静かで、落ち着いて過ごせる環境をつくってあげましょう。 P097-10
- ハイハイや、つかまり立ちの時期には、机、ドアなど、身の回りにあるものが、危険物になります。子どもの動きをよく見守りましょう。 P097-11

1歳

- 歩行が始まると、動きが活発になるので、戸外に出たら必ず手をつなぐなど、しっかりとした見守りが大切です。 P097-12
- なんでも試したい1歳児は、タバコを口に入れるなど、大人の不注意による事故もあるので、身の回りの安全に注意が必要です。 P097-13
- 「おもちゃは大事、大事」と言いながら大切に取り扱っていたら、子どもたちも「だいじねー」と、ていねいに扱うようになってきました。 P097-14

2歳

- 高いところに登ったり、飛び降りようとしたり、全身を活発に使って活動が広がっているので、マットを敷いて安全を確保しています。 P097-15
- けがの恐れがある危険な行為をしたときは、子どもたちをしっかり抱いて、目を見て、してはいけないことがわかるように説得します。 P097-16
- 信号の見方はまだわからなくても、横断歩道の前では必ず止まるように、毎日の生活の中で繰り返し伝えていきましょう。 P097-17

病気・けが

P098-01

P098-02

P098-03

P098-04

P098-05

P098-06

P098-07

P098-08

P098-09

P098-10

P098-11

P098-12

P098-13

P098-14

P098-15

P098-16

P099-01

P099-02

P099-03

P099-04

P099-05

P099-06

P099-07

P099-08

囲みイラスト付き文例

免疫パワーが消えると…

赤ちゃんはおなかの中にいるときに、お母さんの免疫をもらって生まれてきます。この免疫は、生後6か月くらいまで赤ちゃんを守ってくれるので、病気になりにくいのです。けれど6か月を過ぎると、免疫が消えて、このころから急に突発性発疹などにかかりやすくなります。毎日赤ちゃんの顔をよく見たり、体に触って熱がないか観察したりするとよいでしょう。

P099-09

文例

0歳

- 暑くなると、冷房のかけすぎによる体調不良や、食欲不振が見られます。温度、湿度、風通しに注意しましょう。 P099-10
- インフルエンザが流行しています。子どもたちの体調の変化に気づいたら、安静にし、室内の温度、湿度にも注意しましょう。 P099-11

1歳

- 汗の量が多くなる夏は、あせもができやすくなります。まだ自分で汗をふくことができないので、シャワーなどで清潔にしてあげましょう。 P099-12
- アトピー性皮膚炎は繰り返し出やすく、かゆみが強いので、汗やほこりを洗い落として、皮膚を清潔に保つことが大切です。 P099-13
- 高熱が出たときには、顔色、食欲、体の動き、表情など、子どもの全体的なようすにも注意が必要です。 P099-14

2歳

- 体の動きが活発になってきた2歳児は、けがも多くなります。大きなけがにつながる危険な行為は、はっきり制止することが大切です。 P099-15
- かぜによる欠席も多くなってきました。熱が下がっても体が弱っています。すぐに登園せず、1日か2日ようすを見てから登園させてください。 P099-16
- 水ぼうそう（水痘）が流行しています。すべての発疹がかさぶたになるまでは、伝染の可能性があり、園への出席は停止となります。 P099-17

検診

P100-01

P100-02

P100-03

P100-04

P100-05

P100-06

P100-07

P100-08

P100-09

P100-10

P100-11

P100-12

P100-13

P100-14

P100-15

P101-01

P101-02

P101-03

P101-04

P101-05

P101-06

P101-07

P101-08

囲みイラスト付き文例

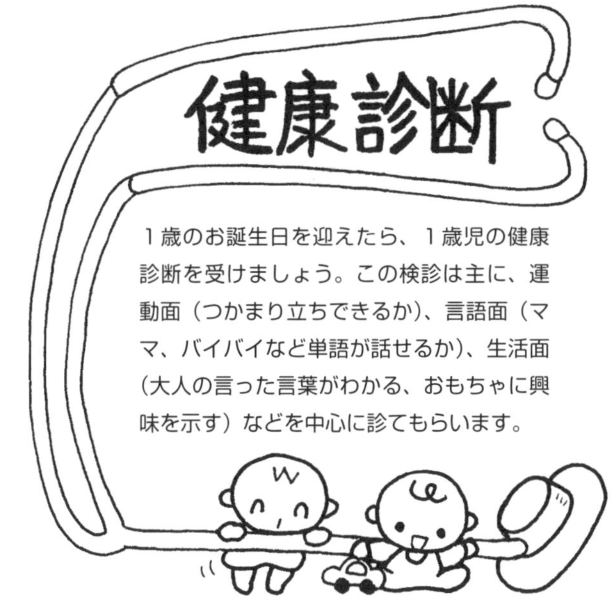

1歳のお誕生日を迎えたら、1歳児の健康診断を受けましょう。この検診は主に、運動面（つかまり立ちできるか）、言語面（ママ、バイバイなど単語が話せるか）、生活面（大人の言った言葉がわかる、おもちゃに興味を示す）などを中心に診てもらいます。

P101-09

文例

0歳

- 生後6か月の検診では首が据わっているか、物や人への興味があるかなど、体と心の発達を総合的に見ています。　P101-10
- 子どもの発達は、個人差が大きいものです。検診結果をほかのお子さんと比べる必要はありません。　P101-11

1歳

- つかまり立ちから歩行へと運動面や言葉の発達が著しい1歳児。検診によって成長の姿がはっきりと浮かび上がってきます。　P101-12
- 1歳6か月検診では、歯科検診も行なわれます。乳歯が虫歯にならないように、歯ブラシ指導もしっかり受けましょう。　P101-13
- 麻疹・風疹混合ワクチン（MRワクチン）は、12～23か月の間に1回目。小学校入学前に2回目を接種することになっています。　P101-14

2歳

- 健康診断では、子どもたちの緊張をほぐすために「お医者さんがおなかにもしもし電話をするよ」などと話しています。　P101-15
- 何でも食べられるようになった2歳児は、虫歯が心配。歯科検診で治療票を渡された人は、早めに治療しておきましょう。　P101-16
- ギョウチュウは夜の間に肛門に卵を生み付けます。検査シールをお渡ししましたので説明書をよく読んでお使いください。　P101-17

表情・日常生活

P102-01

P102-02

P102-03

P102-04

P102-05

P102-06

P102-07

P102-08

P102-09

P102-10

P102-11

P102-12

P102-13

P102-14

P103-01

P103-02

P103-03

P103-04

P103-05

P103-06

P103-07

P103-08

P103-09

P103-10

P103-11

P103-12

P103-13

P103-14

身の回りのもの

P104-01

P104-02

P104-03

P104-04

P104-05

P104-06

P104-07

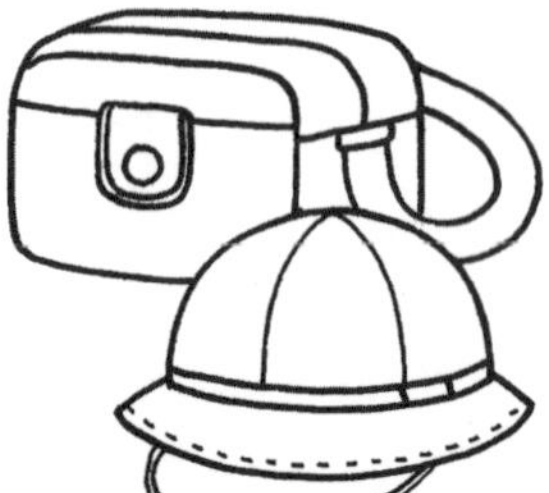

P104-08

P104-09

P104-10

P104-11

P104-12

P104-13

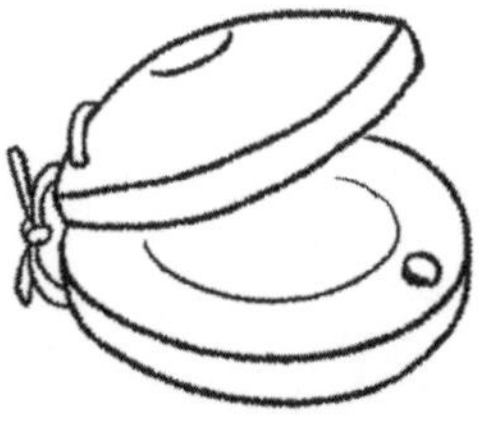

P104-14

P104-15

P105-01

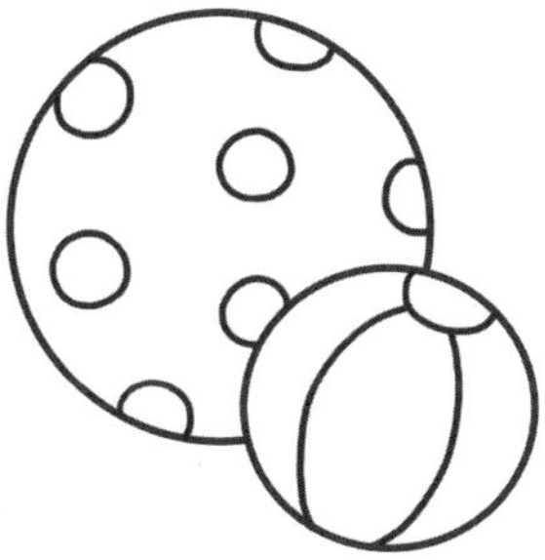

P105-02

P105-03

P105-04

P105-05

P105-06

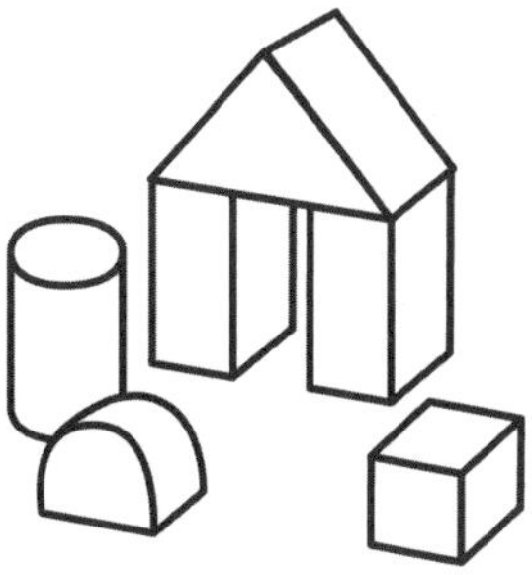

P105-07

P105-08

P105-09

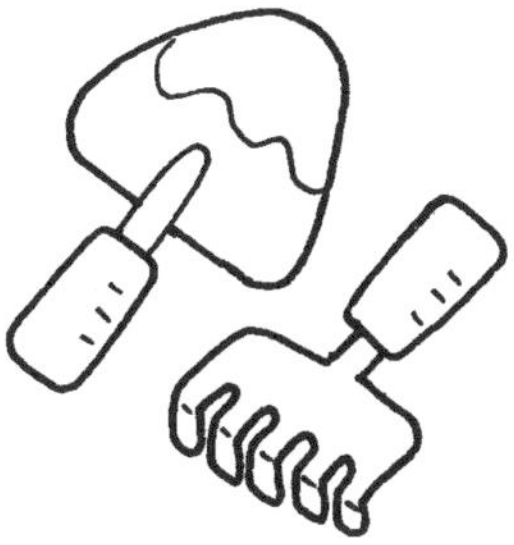

P105-10

P105-11

P105-12

P105-13

P105-14

P105-15

P105-16

附録② 描き文字フォント

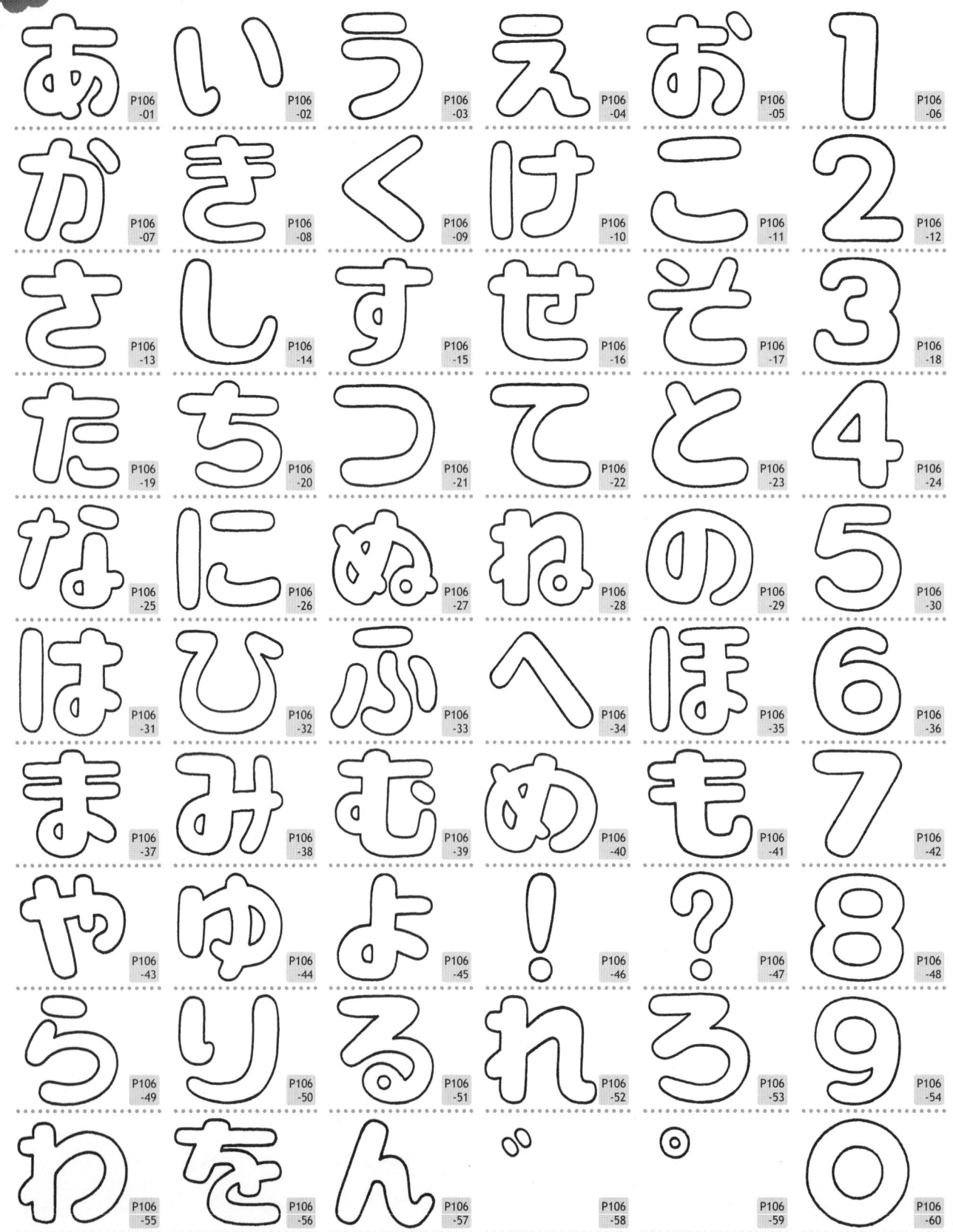

あ P106-01	い P106-02	う P106-03	え P106-04	お P106-05	1 P106-06
か P106-07	き P106-08	く P106-09	け P106-10	こ P106-11	2 P106-12
さ P106-13	し P106-14	す P106-15	せ P106-16	そ P106-17	3 P106-18
た P106-19	ち P106-20	つ P106-21	て P106-22	と P106-23	4 P106-24
な P106-25	に P106-26	ぬ P106-27	ね P106-28	の P106-29	5 P106-30
は P106-31	ひ P106-32	ふ P106-33	へ P106-34	ほ P106-35	6 P106-36
ま P106-37	み P106-38	む P106-39	め P106-40	も P106-41	7 P106-42
や P106-43	ゆ P106-44	よ P106-45	! P106-46	? P106-47	8 P106-48
ら P106-49	り P106-50	る P106-51	れ P106-52	ろ P106-53	9 P106-54
わ P106-55	を P106-56	ん P106-57	゛ P106-58	゜ P106-59	0 P106-60

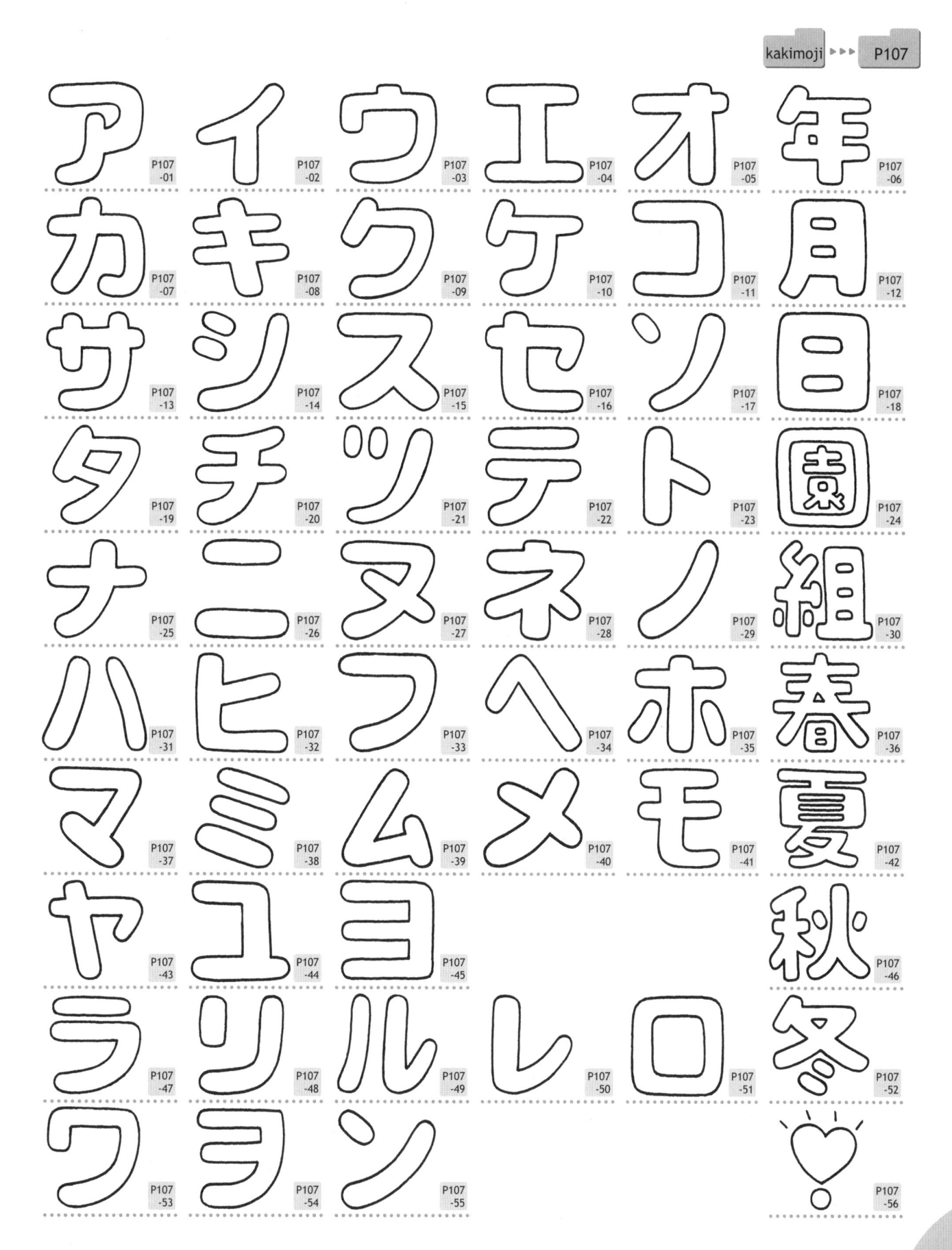

ア P107-01	イ P107-02	ウ P107-03	エ P107-04	オ P107-05	年 P107-06
カ P107-07	キ P107-08	ク P107-09	ケ P107-10	コ P107-11	月 P107-12
サ P107-13	シ P107-14	ス P107-15	セ P107-16	ソ P107-17	日 P107-18
タ P107-19	チ P107-20	ツ P107-21	テ P107-22	ト P107-23	園 P107-24
ナ P107-25	ニ P107-26	ヌ P107-27	ネ P107-28	ノ P107-29	組 P107-30
ハ P107-31	ヒ P107-32	フ P107-33	ヘ P107-34	ホ P107-35	春 P107-36
マ P107-37	ミ P107-38	ム P107-39	メ P107-40	モ P107-41	夏 P107-42
ヤ P107-43	ユ P107-44	ヨ P107-45			秋 P107-46
ラ P107-47	リ P107-48	ル P107-49	レ P107-50	ロ P107-51	冬 P107-52
ワ P107-53	ヲ P107-54	ン P107-55			 P107-56

CD-ROMをお使いになる前に

ご利用になる前に必ずお読みください！

付録のCD-ROMは、イラストデータ（PNG形式）とWordテンプレートデータを収録しています。
付録CD-ROMを開封された場合、以下の事項に合意いただいたものとします。

動作環境

パソコン：Microsoft Windows XP、Mac OS X以上が動作するパソコン。

アプリケーション：テンプレートデータを使用するには、Microsoft Word 97またはMicrosoft Word 2008 for Mac以上がパソコンにインストールされている必要があります。一太郎ではテンプレートデータをご利用になれませんのでご注意ください。処理速度が遅いパソコンではデータを開きにくい場合があります。

CD-ROMドライブ：付録CD-ROMを再生するにはCD-ROMドライブが必要です。

本書掲載イラスト、CD-ROM収録のデータ使用の許諾と禁止事項

本書掲載イラスト等、およびCD-ROM収録のデータは、ご購入された個人または法人が、その私的範囲内において自由に使っていただけます。ただし、以下のことを遵守してください。

- 募集広告、商用営利目的、インターネットのホームページなどに使用することはできません。
- 本書掲載イラスト等、およびCD-ROM収録のデータを複製し、第三者に譲渡・販売・頒布（インターネットを通じた提供も含む）・賃貸することはできません。

  （弊社は、本書掲載イラスト、CD-ROM収録のデータすべての著作権を管理しています。）

ご注意

- 本書掲載の操作方法や操作画面は、『Microsoft Windows 7 Professional』上で動く、『Microsoft Office Word 2010』を使った場合のものを中心に紹介しています。

  Windows XP、Windows Vista、Mac OS X、Word 2003、Word 2007、Word 2010 for macの操作と大きく異なる場合は、それぞれの操作手順もあわせて紹介していますが、お使いの環境によって操作方法や操作画面が異なる場合がありますので、ご了承ください。
- イラストデータは、200％以上拡大するとギザツキが目だってくることがあります。
- テンプレートデータは、Windows 7・Word 2003以降に最適化されています。お使いのパソコン環境やアプリケーションのバージョンによっては、レイアウト等が崩れる可能性があります。
- お使いのプリンタやプリンタドライバ等の設定により、本書掲載のイラストと色調が変化する可能性があります。
- お客様が本書付録CD-ROMのデータを使用したことにより生じた損害、障害、その他いかなる事態にも、弊社は一切責任を負いません。
- 本書に記載されている内容に関するご質問は、弊社までご連絡ください。ただし、付録CD-ROMに収録されている画像データについてのサポートは行なっておりません。

※ Microsoft Windows, Microsoft Office Wordは、米国マイクロソフト社の登録商標です。

※ Macintosh, Mac OSは米国アップル社の登録商標です。

※ その他記載されている、会社名、製品名は、各社の登録商標および商標です。

※ 本書では、™、®、©、マークの表示を省略しています。

CD-ROM取り扱い上の注意

- 付録のディスクは「CD-ROM」です。一般オーディオプレーヤーでは絶対に再生しないでください。パソコンのCD-ROMドライブでのみお使いください。
- CD-ROMの裏面に指紋をつけたり、傷をつけたりするとデータが読み取れなくなる場合があります。CD-ROMを扱う際には、細心の注意を払ってお使いください。
- CD-ROMドライブにCD-ROMを入れる際には、無理な力を加えないでください。CD-ROMドライブのトレイに正しくセットし、トレイを軽く押してください。トレイにCD-ROMを正しくのせなかったり、強い力で押し込むと、CD-ROMドライブが壊れるおそれがあります。その場合も一切責任は負いませんので、ご注意ください。

『Word』がわからなくてもできる！
パソコンでらくらくカンタンマニュアル

『Word』が未経験でも、このマニュアルを見ればカンタンにおたよりなどが作れます。付録の CD-ROM に入っているテンプレートやイラスト、文例を使って、オリジナルなおたよりを作りましょう。

ここでは、Windows 7 上で Microsoft Office Word 2010 を使った操作手順を中心に紹介しています。
Windows XP、Windows Vista、Mac OSX、Word 2003、Word 2007、Word 2011 for mac の操作と大きく異なる場合は、それぞれの操作手順もあわせて紹介していきます。

※掲載されている操作画面は、CD-ROM に収録されているものとは異なる場合があります。
ご了承ください。

CONTENTS

基本編 今すぐ テンプレートでおたよりを作ろう！

発展編 ステップアップ！ 知って得するおたより作成のコツ

Word のギモン Q&A

マウスの基本操作

マウスは、ボタンが上にくるようにして、右手ひと差し指が左ボタン、中指が右ボタンの上にくるように軽く持ちます。
手のひら全体で包み込むようにして、机の上を滑らせるように上下左右に動かします。

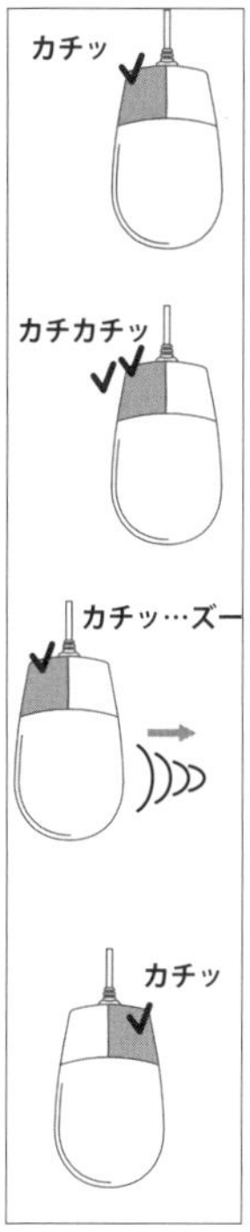

クリック

左ボタンを1回押します。
ファイルやフォルダ、またはメニューを選択したり、「OK」などのボタンを押したりする場合に使用します。

ダブルクリック

左ボタンをすばやく2回押す操作です。プログラムなどを起動したり、ファイルやフォルダを開く場合に使用します。

ドラッグ

左ボタンを押しながらマウスを動かし、移動先でボタンを離す一連の操作をいいます。
文章を選択したり、イラストを移動する場合に使用します。

右クリック

右ボタンを1回押す操作です。
右クリックすると、操作可能なメニューが表示されます。

基本編 今すぐテンプレートでおたよりを作ろう！

ここではテンプレートを使って編集する方法を説明します。

Step1 テンプレートを開く

まず、本文中のテンプレートから作りたいものを選び、CD-ROM の中のテンプレートを開きます。

1. CD-ROM をパソコンにセットする

付録の CD-ROM を絵の描いてある面を上にして、パソコンの CD-ROM ドライブに入れます。
CD-ROM のセット方法は、お使いの機種によって異なりますので、説明書などを参照してください。

2. CD-ROM を開く

画面上に「自動再生」の画面が表示されます。リストから「フォルダを開いてファイルを表示」をクリックします。

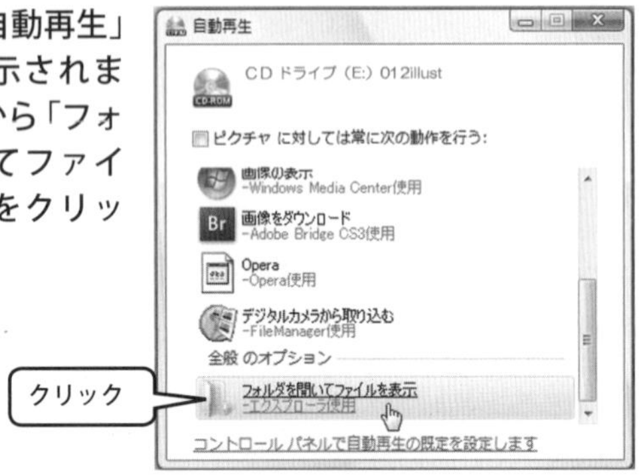

自動再生や CD-ROM のウィンドウを閉じてしまった場合

スタートボタン横のフォルダボタンをクリックして、CD-ROM ドライブを開いてください。

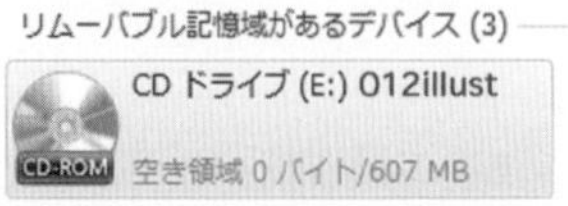

Windows Vista

「スタート」メニューから「コンピュータ」を選択し、開いたウィンドウからアイコンをダブルクリックします。

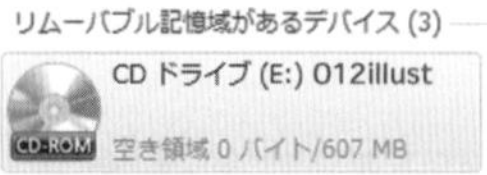

Windows XP

①「スタート」ボタンをクリックして、「マイ コンピュータ」をクリックします。デスクトップ上に右図の「マイコンピュータ」アイコンがある場合は、そのアイコンをダブルクリックします。

②「マイ コンピュータ」ウィンドウが開くので、アイコンをダブルクリックします。

Mac OS X

デスクトップ上のアイコンをダブルクリックします。

3. テンプレートを開く

フォルダを順次ダブルクリックして開いていきます。Word のテンプレートのアイコンをダブルクリックすると、Word が起動してテンプレートが開きます。

Step2

テンプレートの構成

テンプレートは、イラストやテキストボックスなどを組み合わせて作成されています。

テンプレートの文書構成

おたよりのテンプレートは、B4 横、2 段組のレイアウトで構成されています。イラストをクリックすると、イラスト枠が表示され、文章内をクリックするとテキストボックス枠が表示されます。

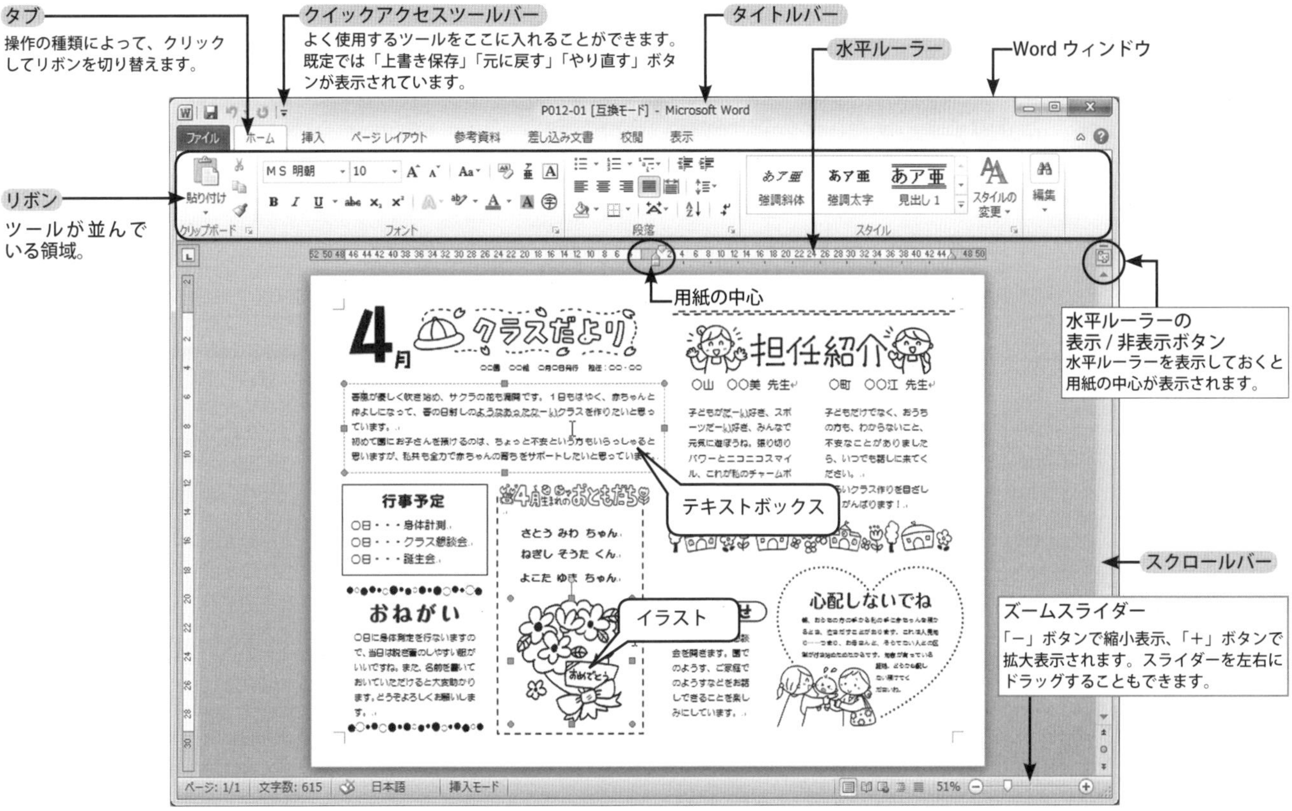

タブ
操作の種類によって、クリックしてリボンを切り替えます。
クイックアクセスツールバー
よく使用するツールをここに入れることができます。既定では「上書き保存」「元に戻す」「やり直す」ボタンが表示されています。
タイトルバー
水平ルーラー
Word ウィンドウ
リボン
ツールが並んでいる領域。
用紙の中心
水平ルーラーの表示 / 非表示ボタン
水平ルーラーを表示しておくと用紙の中心が表示されます。
テキストボックス
スクロールバー
イラスト
ズームスライダー
「−」ボタンで縮小表示、「+」ボタンで拡大表示されます。スライダーを左右にドラッグすることもできます。

2003

メニューバー
標準ツールバー
書式設定ツールバー

mac 2011

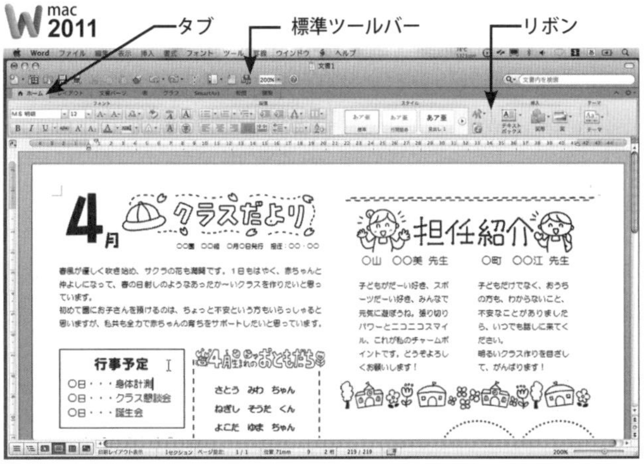

タブ
標準ツールバー
リボン

Step3

名前を付けて保存する

CD-ROM に収録されているテンプレートを開いたら、まず、お使いのバージョンに合わせて保存しておきましょう。

CD-ROM に収録されているテンプレートは、旧バージョンでも使えるように「Word 97-2003 形式」で作成されています。
Word 2010 または Word 2007 で開くと「互換モード」となり、一部の機能が制限されます。また、そのまま保存するとレイアウトが崩れることがあります。まず、お使いのバージョンの形式で保存してから編集しましょう。

① リボンの「ファイル」タブをクリックし、「情報」に表示されている「変換」をクリックします。

②「この処理では…変換します。」というメッセージが表示されるので「OK」ボタンをクリックします。※出ない場合もあります。

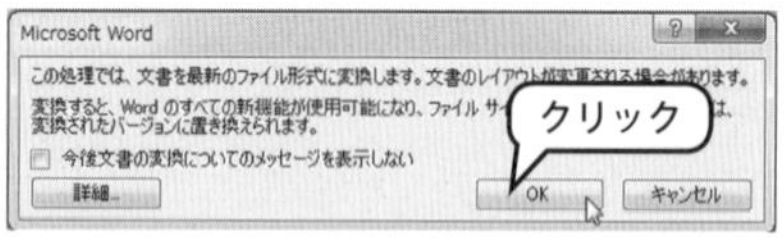

③ もう一度「ファイル」タブをクリックし、「名前を付けて保存」を選択すると「名前を付けて保存」の画面が表示されます。保存先を指定してファイル名を変更し、「保存」ボタンをクリックします。

2007

① Office ボタンをクリックして、②「変換」ボタンをクリックします。すると「この処理では…変換します。」というメッセージが表示されるので「OK」ボタンをクリックします。

③もう一度 Office ボタンをクリックして、「名前を付けて保存」をクリックすると「名前を付けて保存」の画面が表示されます。

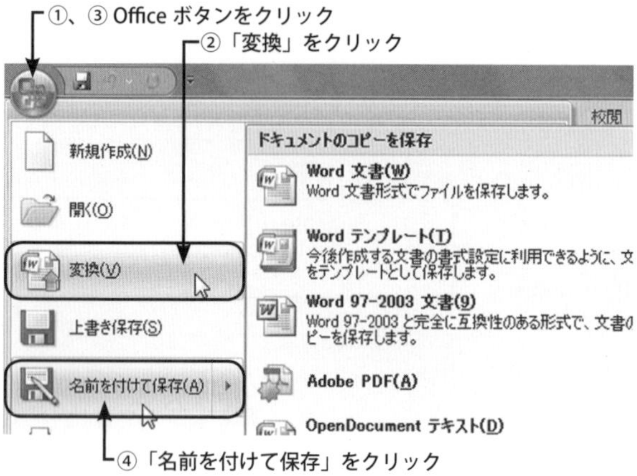

2003

①「ファイル」メニューの「名前を付けて保存」をクリックします。

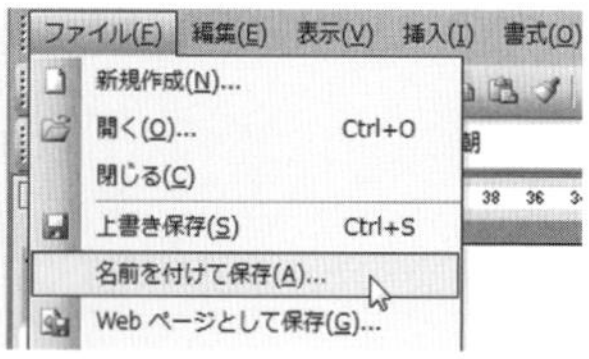

②「名前を付けて保存」の画面が表示されるので、「ファイル名」ボックスに名前を入力します。保存場所を指定して「保存」ボタンをクリックします。

mac 2011

①「ファイル」メニューの「名前を付けて保存」をクリックすると、右図の画面が表示されるので、文書の名前を入力します。

② 保存場所を指定して、「フォーマット」をお使いのバージョンに合わせて変更し「保存」します。

Step4

文章を変更・削除する

テンプレートの文章を変更して、用途に合わせた内容にします。

1. 文章を変更する

① 変更したい文章の左端にカーソルを合わせてクリックします。

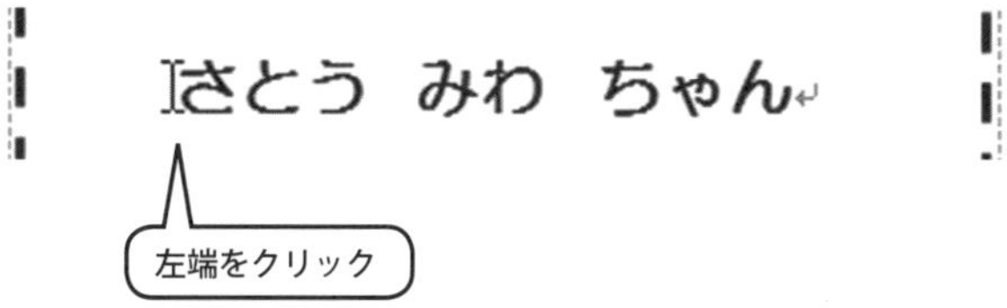

さとう みわ ちゃん
左端をクリック

② クリックしたまま、右方向へマウスを動かしてドラッグすると、選択範囲の背景に色がつきます。

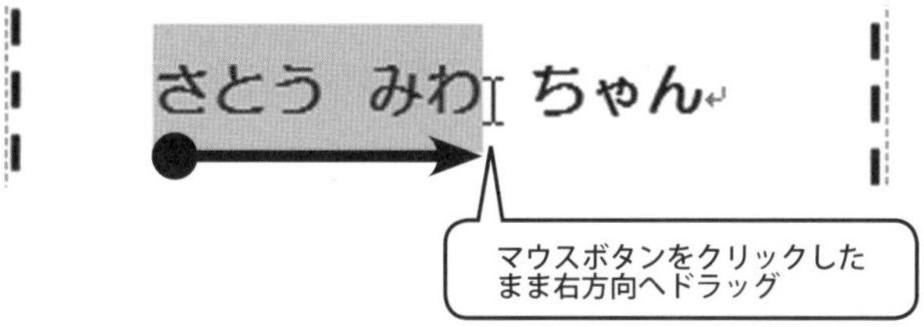

さとう みわ ちゃん
マウスボタンをクリックしたまま右方向へドラッグ

③ そのまま新しい文章を入力しましょう。文章が置き換わります。

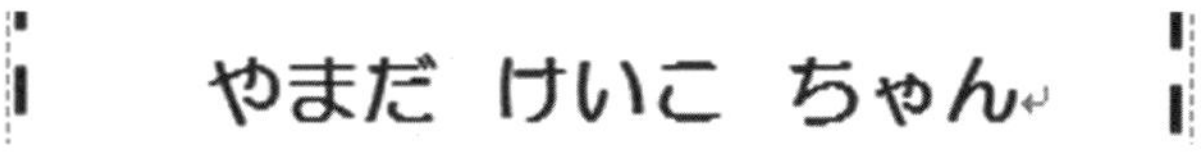

やまだ けいこ ちゃん

2. 文章を削除する

削除する文章をドラッグして選択し、「Delete」キーを押します。

Step5

文字の書体やサイズを変更する

パソコンで使用する文字はフォントと呼ばれ、フォントの種類（書体）やフォントサイズを簡単に変更することができます。

1. フォントを変更する

① フォントを変更したい文字をドラッグして選択します。

②「ホーム」タブをクリックして、「フォント」グループの「フォントボックス」の▾をクリックします。

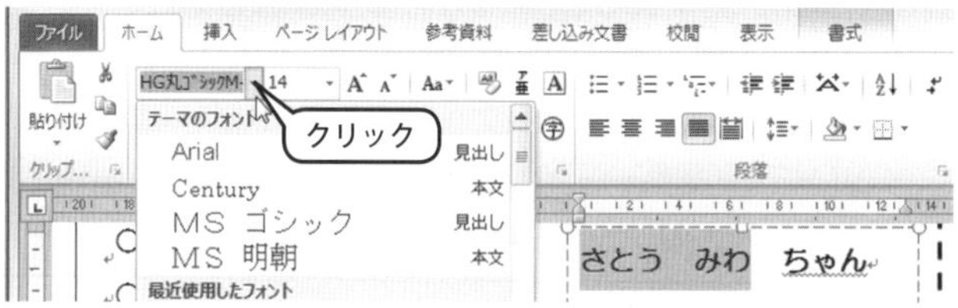

ファイル
ホーム
挿入
ページレイアウト
参考資料
差し込み文書
校閲
表示
書式
貼り付け
クリップ...
HG丸ｺﾞｼｯｸM-
14
テーマのフォント
クリック
Arial
Century
MS ゴシック
MS 明朝
見出し
本文
最近使用したフォント
段落
さとう みわ ちゃん

③ マウスポインタをリストのフォント名に合わせると、選択範囲のフォントが変更されます。フォント名をクリックして確定します。

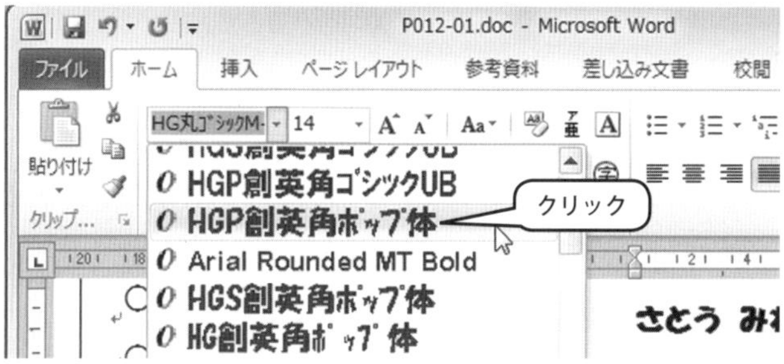

P012-01.doc - Microsoft Word
ファイル
ホーム
挿入
ページレイアウト
参考資料
差し込み文書
校閲
貼り付け
クリップ...
HG丸ｺﾞｼｯｸM-
14
HGP創英角ｺﾞｼｯｸUB
HGP創英角ﾎﾟｯﾌﾟ体
クリック
Arial Rounded MT Bold
HGS創英角ﾎﾟｯﾌﾟ体
HG創英角ﾎﾟｯﾌﾟ体
さとう みわ

2. 文字のサイズを変更する

サイズを変更したい文字を選択し、「フォントサイズ」の▾をクリックして、リストからサイズを選択します。

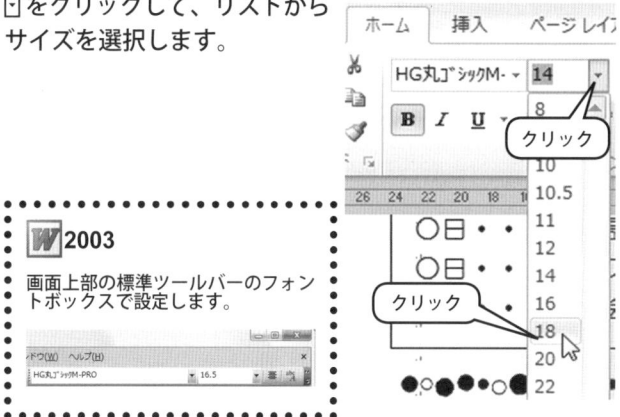

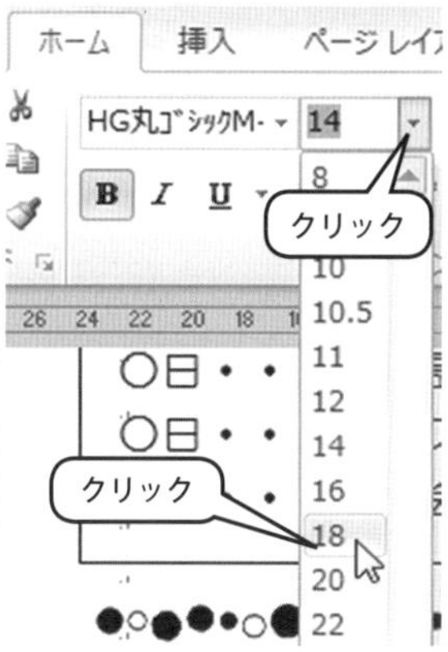

ホーム
挿入
HG丸ｺﾞｼｯｸM-
14
8
クリック
10
10.5
11
12
14
16
18
20
22
クリック

2003

画面上部の標準ツールバーのフォントボックスで設定します。

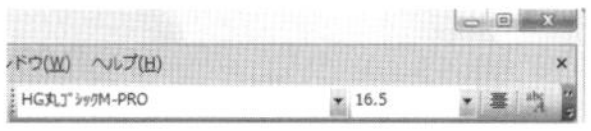

ヘルプ(H)
HG丸ｺﾞｼｯｸM-PRO
16.5

Step6

文例を差し替える

CD-ROMには、いろいろな文例が用意されています。テキストボックスの文章を別の文例に差し替えてみましょう。

1. 文例のテキストファイルを開く

① CD-ROMフォルダを表示するため、Word画面の右上にある「最小化」ボタンをクリックします。

② CD-ROM内から文例のファイルを選び、アイコンをダブルクリックすると、文例が表示されます。

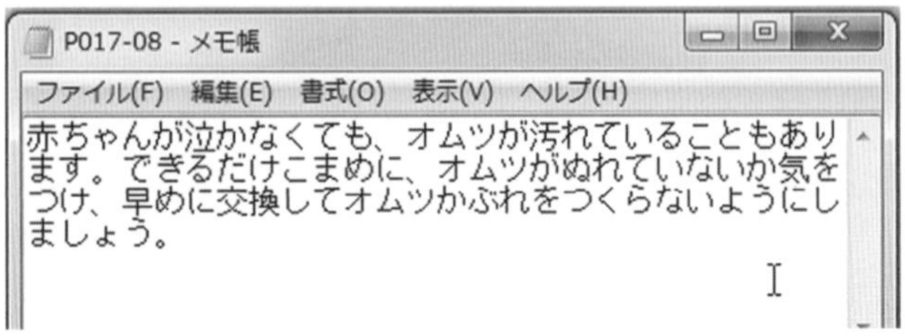

★ 文例はテキストファイルなので、Windowsでは「メモ帳」（上図）、MacOSでは「テキストエディット」などのテキストエディタを起動し開くことができます。
★ 文例が数行しか表示されない場合は、画面上部の「書式」メニューから「右端で折り返す」を選択してください。

2. 文例をコピーする

① 差し替えたい文章の左端にカーソルを合わせ、ドラッグして範囲を選択します。
★ 文例をすべて選択するには、画面上部の「編集」をクリックして「すべて選択」をクリックすると便利です。

② 画面上部の「編集」をクリックし、「コピー」をクリックします。

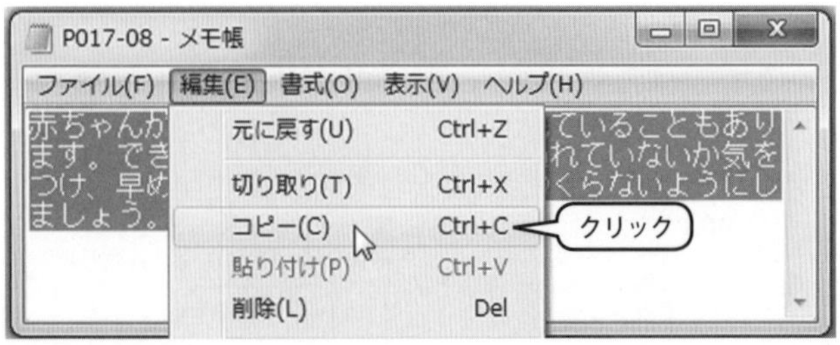

3. ワードに切り替える

画面左下にある「W」アイコンにマウスポインタを合わせると、最小化したWord文書の小さい画像（サムネイル）が表示されます。テンプレートの画像をクリックすると、画面がWordに切り替わります。

Windows XP　**Vista**

画面下の「Word」ボタンをクリックして画面を切り替えます。

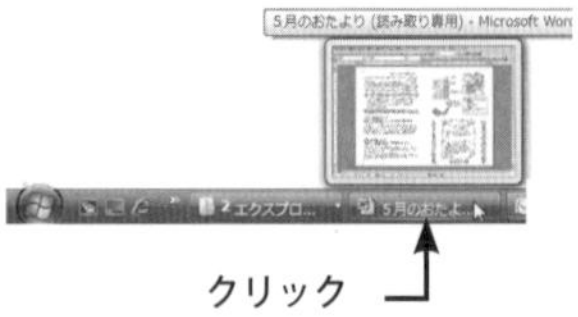

Mac OS X

編集中のファイルのウインドウをクリック、または、画面下の「Dock」から「Word」をクリックすると切り替わります。

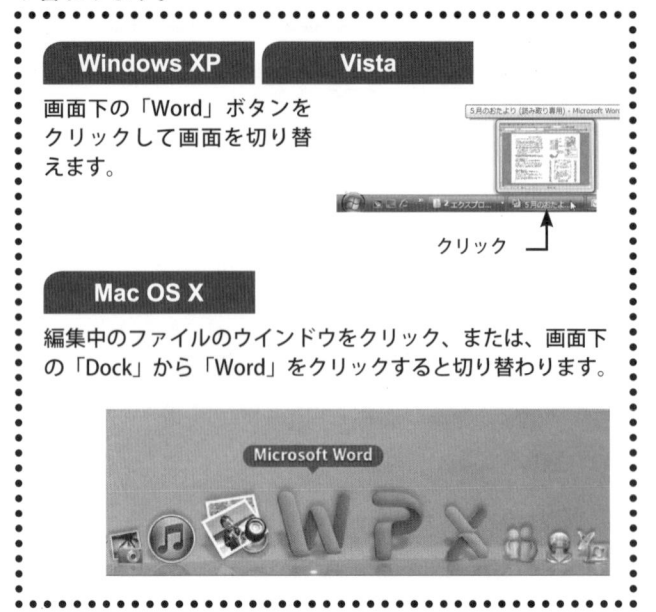

4. コピーした文例を貼り付ける

① テンプレートの画面に戻ったら、差し替えたい文章をドラッグして選択します。

② 「ホーム」タブの「貼り付け」ボタンをクリックすると、コピーした文例と置き換わります。

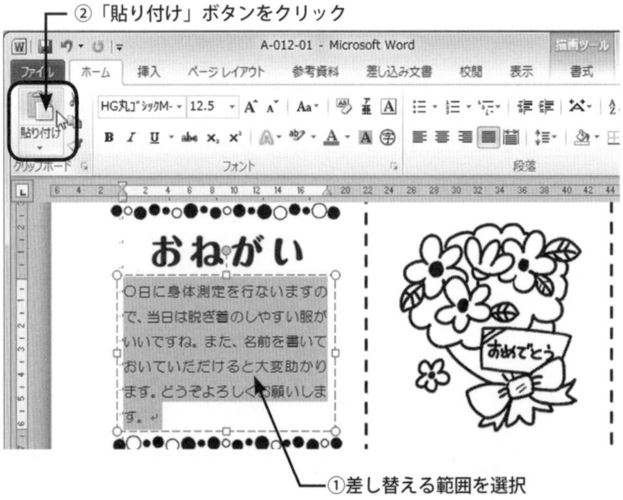

Step7

テキストボックスを調節・削除する

テキストボックスに文章が入りきらない場合などは、フォントサイズやテキストボックスのサイズを変更してみましょう。

1. テキストボックスの選択

① テキストボックス内をクリックすると、テキストボックスの枠が点線で表示され、文字の編集モードになります。

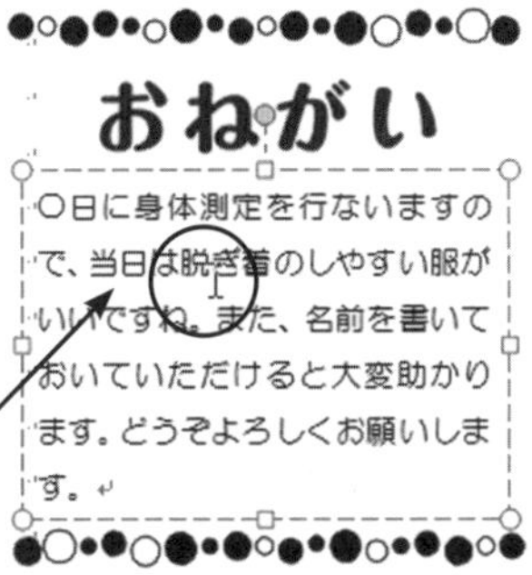
テキストボックス内をクリック
おねがい
○日に身体測定を行ないますので、当日は脱ぎ着のしやすい服がいいですね。また、名前を書いておいていただけると大変助かります。どうぞよろしくお願いします。

② 続けてテキストボックスの枠上にマウスポインターを合わせると、十字矢印 ✥ の形に変わります。クリックすると実線に変化し、テキストボックスの選択状態になります。

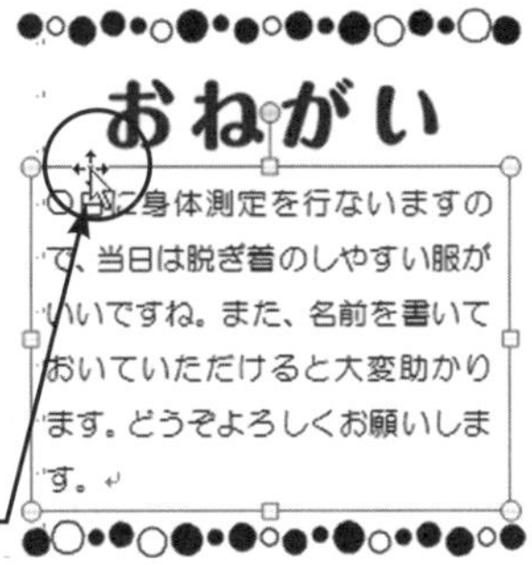
枠をクリック
おねがい
○日に身体測定を行ないますので、当日は脱ぎ着のしやすい服がいいですね。また、名前を書いておいていただけると大変助かります。どうぞよろしくお願いします。

2. テキストボックス全体の書式設定

テキストボックスを選択して書式を変更すると、テキストボックス内のすべての文字に反映されます。

全体のフォントサイズを変更したいときは、テキストボックス枠を選択し、「ホーム」タブの「フォントサイズ」の ▾ をクリックして、サイズを選択します。

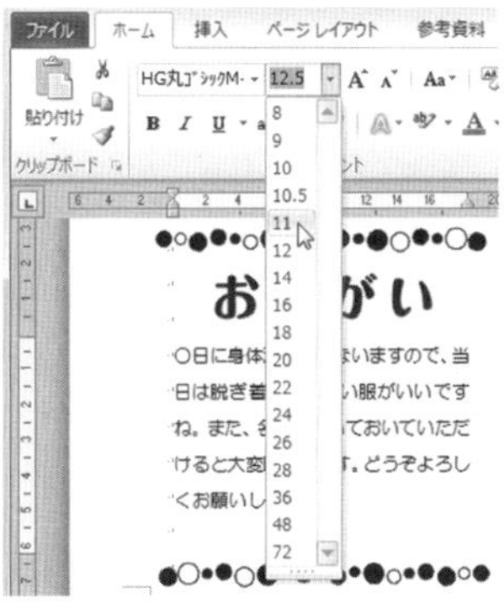
ファイル
ホーム
挿入
ページレイアウト
参考資料
貼り付け
クリップボード
12.5
8
9
10
10.5
11
12
14
16
18
20
22
24
26
28
36
48
72

3. テキストボックスのサイズ変更

テキストボックスの枠に表示されている■や●をハンドルと呼びます。ハンドルにマウスポインタを合わせると、マウスポインタの形が下図のように変化するので、そのままクリックしてドラッグするとサイズを変更することができます。

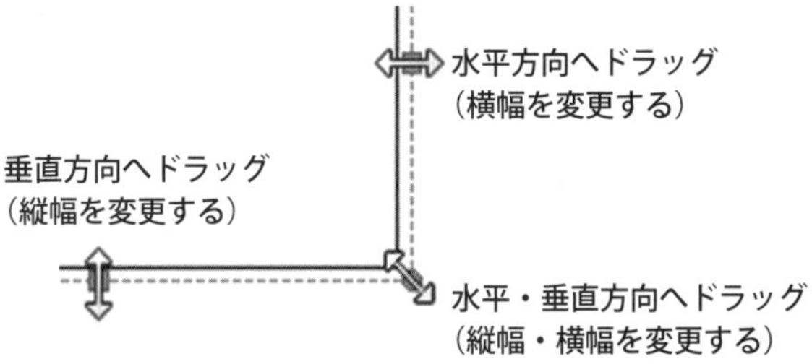
水平方向へドラッグ
（横幅を変更する）
垂直方向へドラッグ
（縦幅を変更する）
水平・垂直方向へドラッグ
（縦幅・横幅を変更する）

★「Shift」キーを押しながらハンドルをドラッグすると、縦横比を変えずに拡大・縮小することができます。

4. テキストボックスの移動

テキストボックスを移動するには、テキストボックスの枠線をクリックして選択し、そのままドラッグします。

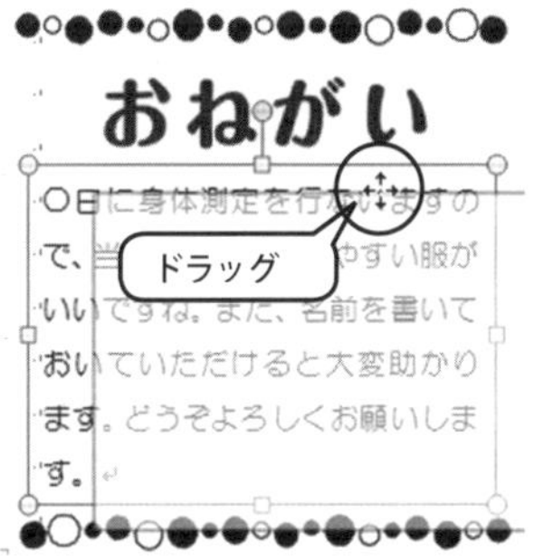
おねがい
ドラッグ

5. テキストボックスの削除

テキストボックスを削除するには、テキストボックスの枠をクリックして選択し、「Delete」キーを押します。

Step8

イラストの移動とサイズ変更

レイアウトを変更するとイラストと文章が重なってしまうことがあります。イラストも自由に位置を変えたり、サイズを変更したりできます。

1. イラストを移動する

動かしたいイラスト上にマウスポインタを合わせると、マウスポインタの形が ✥ に変化します。クリックして、そのままドラッグするとイラストが移動します。

★ テキストボックスとイラストが重なっている場合は、テキストボックスの外側部分をクリックします。

★ イラストをクリックして選択し、キーボードの矢印キーで移動すると、細かい位置合わせができます。

2. イラストのサイズを変更する

イラストをクリックして選択すると、枠と枠の周辺に□や○のハンドルが表示されます。テキストボックスと同様にハンドルにマウスポインタを合わせてクリックし、ドラッグしてサイズを変更します。

ハンドルをドラッグしている間、枠が表示されてサイズを確認できます。

★ イラストの場合は、角ハンドル○を斜め方向にドラッグすると、縦横比を変えずに拡大・縮小することができます。

★ 各ハンドルについては、P115「3. テキストボックスのサイズ変更」を参照してください。

Step9

イラストを入れ替える

CD-ROMには、たくさんのイラストが収録されています。テンプレートのイラストを別のイラストと入れ替えてみましょう。

① 入れ替えたいイラストをクリックして選択し、「図ツール」の「書式」タブにある「図の変更」をクリックします。

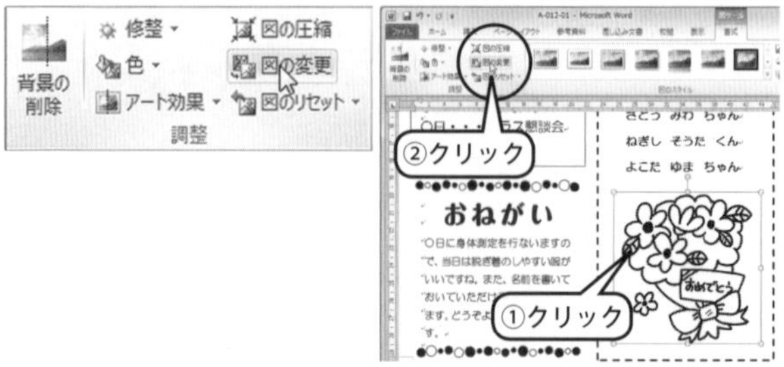

★ イラスト選択中は、リボンに「図ツール」の「書式」タブが表示されます。

② 「図の挿入」の画面が開くので、入れ替えたいイラストをクリックして選択し、「挿入」ボタンをクリックします。

③ イラストが入れ替わりました。

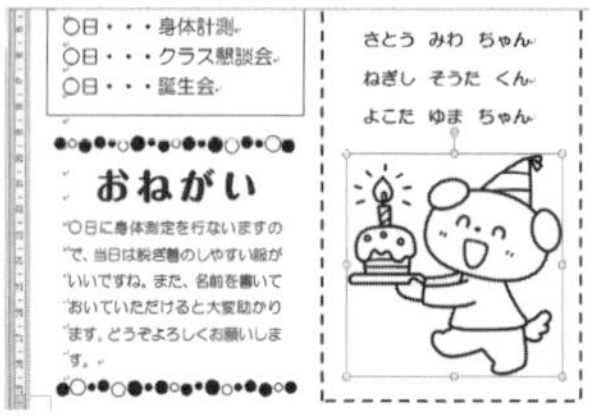

W 2003

Word 2003以前には「図の変更」機能はないので、入れ替えたいイラストを削除してから挿入します。（Step10参照）

W mac 2011

「図の変更」機能はないので、入れ替えたいイラストを削除してから挿入します。（Step10参照）

Step10

イラストを挿入・削除する

テンプレートにイラストを挿入したり、削除してみましょう。

1. イラストの挿入

① イラストを挿入したい場所の近くで、テキストボックス以外の場所をクリックします。

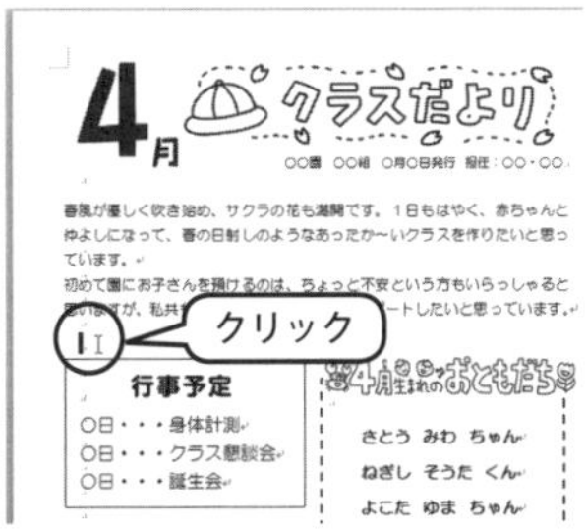

②「挿入」タブの「図」ボタンをクリックします。

③「図の挿入」の画面が表示されるので、挿入したいイラストを選択して「挿入」ボタンをクリックします。

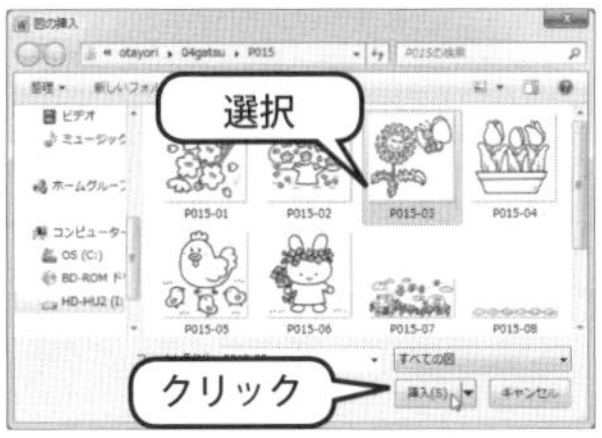

2003

「挿入」メニュー「図」－「ファイルから」を選択します。

mac 2011

「ホーム」タブの「挿入」－「図」の▾をクリックして「ファイルからの画像 ...」から選択します。

2. イラストの位置を調整する

イラストが挿入された直後は、右図のように一時的にレイアウトが崩れることがあります。イラストの設定を変更しましょう。

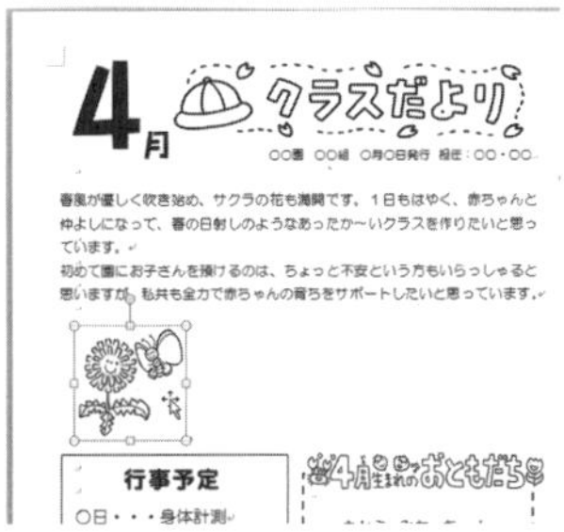

「図ツール」の「書式」タブの「配置」グループにある「文字列の折り返し」をクリックして「前面」を選択します。

「前面」は、テキストボックスや他のイラストに関係なく、自由に移動できる設定です。サイズも変更してレイアウトしてみましょう。

※「文字列の折り返し」の詳細については、P124「テキストボックスやイラストの文字列の折り返し」を参照してください。

2003

イラスト選択中は、「図」ツールバーが表示されます。「テキストの折り返し」ボタンをクリックして「前面」を選択します。

「図」ツールバー

3. イラストの削除

削除したいイラストをクリックして選択し、「Delete」キーを押します。

Step11

囲みイラスト付き文例を挿入する

CD-ROMに収録されている「囲みイラスト付き文例」の使い方を説明します。

CD-ROMに収録されている「囲みイラスト付き文例」は、イラストとテキストボックスを組み合わせて作成されています。例として、編集中のWord文書が開いていることを前提に説明します。次の手順でご利用ください。

① 編集中のWord文書の「囲みイラスト付き文例」を挿入したい場所をクリックします。

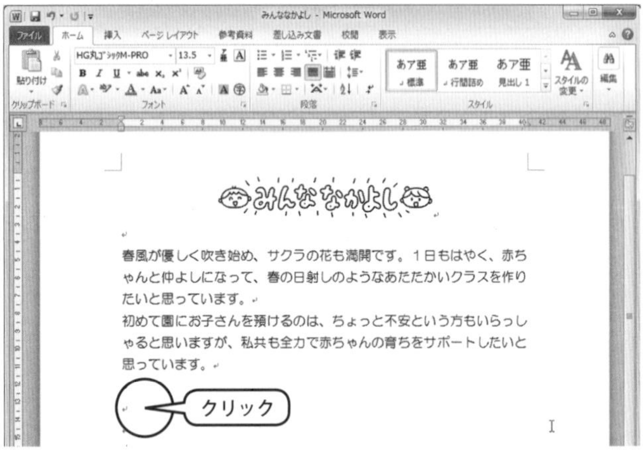

② 編集中のWord文書の「ファイル」タブをクリックして、「開く」をクリックします。

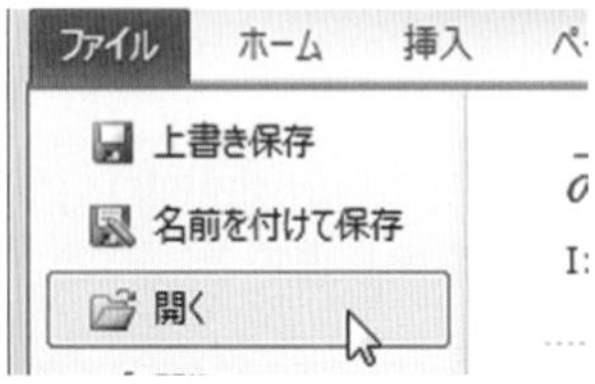

③「ファイルを開く」の画面が開くので、CD-ROMから囲みイラスト付き文例を選択し、「開く」ボタンをクリックします。

④「囲みイラスト付き文例」が開きました。テキストボックスの内部をクリックします。

★ ④図のように複数のテキストボックスが表示された場合は、一番外の枠をクリックして選択します。

⑤「Shift」キーを押しながらイラストをクリックすると、テキストボックスとイラストの2つを選択することができます。

⑥「ホーム」タブの「コピー」ボタンをクリックします。

⑦ 画面下のWordボタンにマウスポインターを合わせて、先に開いていた文書をクリックします。

⑧ 画面が最初の文書に切り替わったら、「ホーム」タブの「貼り付け」ボタンをクリックします。

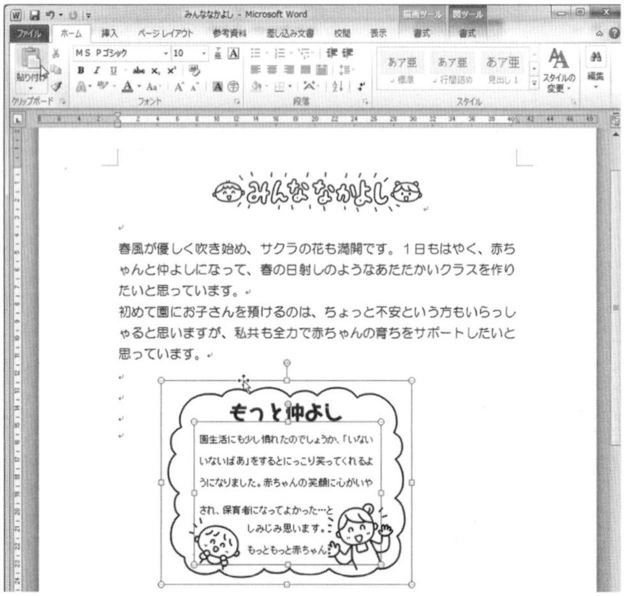

★ これで、「囲みイラスト付き文例」が利用できるようになりました。移動したり、サイズを変えてレイアウトしてください。

Step12

上書き保存する

テンプレートの編集中にも「上書き保存」しておくと安心です。

突然パソコンが動かなくなったり、うっかり電源を切ってしまったり…このような不慮のアクシデントに備えて、テンプレートを編集中には、たびたび「上書き保存」をしておきましょう。

「上書き保存」は、画面の左上にある「クイックアクセス ツールバー」の「上書き保存」ボタンをクリックします。

2003

画面左上の標準ツールバーにある「上書き保存」ボタンをクリックします。

mac 2011

画面左上の標準ツールバーにある「上書き保存」ボタンをクリックします。

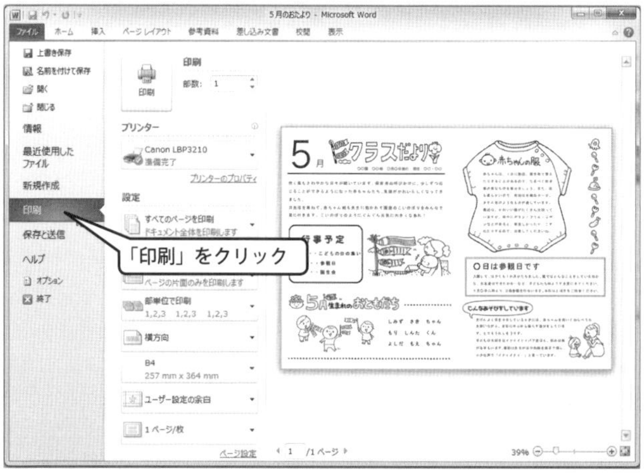

2007

「Office ボタン」をクリックし、「印刷」－「印刷プレビュー」を選択すると「印刷プレビュー」画面が開きます。
下図が「印刷プレビュー」です。確認ができたら、「印刷プレビューを閉じる」をクリックします。（この画面の「印刷」ボタンを押しても印刷できます。）

2003

標準ツールバーにある「印刷プレビュー」ボタンをクリックするか、「ファイル」メニューの「印刷プレビュー」を選択します。

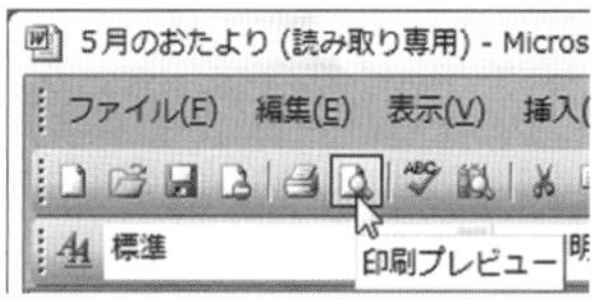

mac 2011

「印刷プレビュー」で印刷イメージを確認する場合はツールバーにある「ファイル」から「プリント」ボタンを選択するとプリントの画面が表示されます。画面下の「プレビュー」を選択すると印刷イメージが表示されます。

Step13

印刷する

編集したテンプレートを印刷しましょう。

1. 印刷プレビューで印刷イメージを確認

プリンタで印刷する前に、「印刷プレビュー」を使って印刷イメージを確認しましょう。
「ファイル」タブをクリックし、次に「印刷」をクリックすると、印刷イメージが表示されます。

2. 印刷する

印刷プレビューで印刷イメージを確認したら、実際にプリンターで印刷しましょう。

① 「ファイル」タブをクリックして、次に「印刷」をクリックすると下図の画面が表示されます。

② 部数などを設定したら、「印刷」ボタンをクリックします。

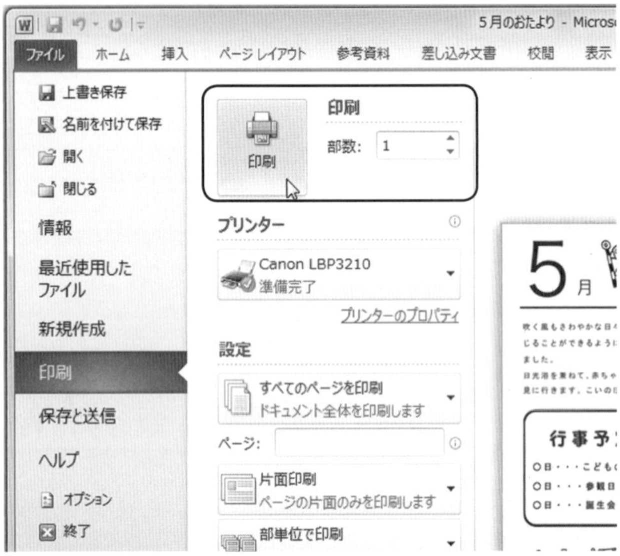

ワンポイント！ ―拡大・縮小印刷

B4 サイズで作成したおたよりを A4 プリンタで印刷する場合は、「印刷」のオプションで用紙サイズを「A4」に指定すると、自動的に縮小して印刷します。
それを原稿にして拡大コピーしてください。

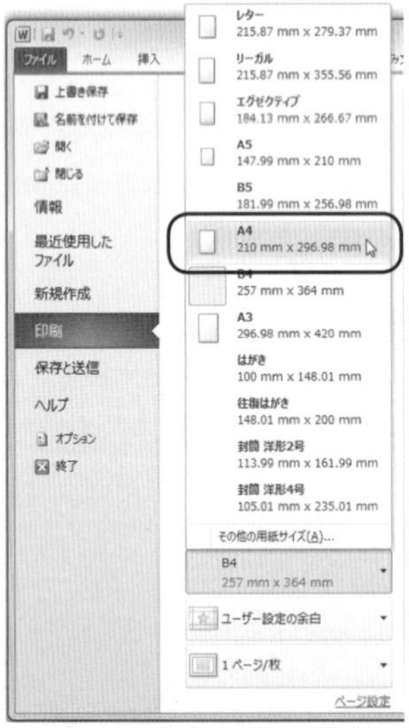

Word 2007 以前では、「印刷」の画面の「拡大 / 縮小」オプションで用紙サイズを選択してください。

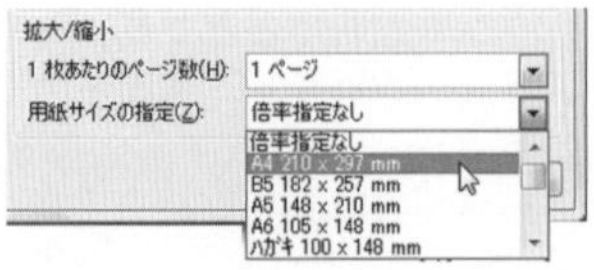

2007

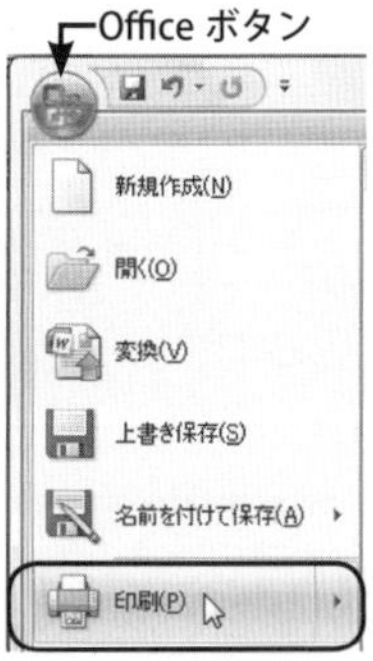

① 「Office ボタン」をクリックしてメニューから「印刷」をクリックします。

② 「印刷」の画面（下図）が開きます。プリント枚数は、「部数」で指定します。設定ができたら、「OK」ボタンをクリックすれば印刷が開始されます。

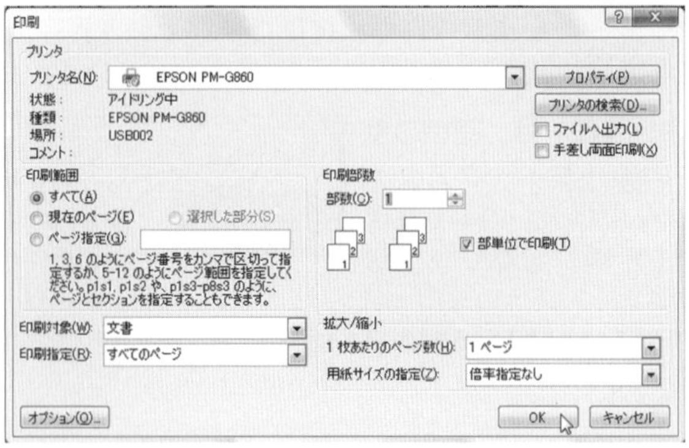

2003

「ファイル」メニューから「印刷」を選択すると「印刷」の画面が表示されます。設定方法は Word 2007 と同様です。

mac 2011

① ファイル メニューの「プリント」をクリックします。

② プリンタ ポップアップ メニューで、使用するプリンターを選択します。

③ プリントするページ数などオプションを選択して、「プリント」をクリックします。

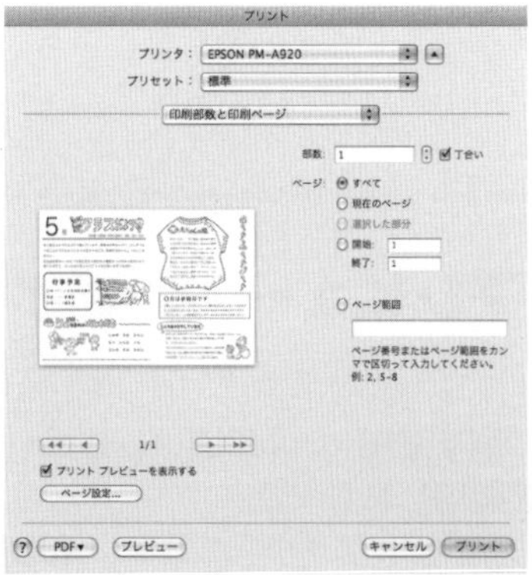

発展編 ステップアップ！知って得するおたより作成のコツ

おたよりを作るときに便利な機能をご紹介します！

新規にオリジナル文書を作る

Word を起動したらまず、新規文書の用紙サイズや用紙の向き、文書の構成など基本のレイアウトを設定しましょう。

1. Word を起動する

① デスクトップの「スタート」ボタンをクリックして、スタートメニューに Word が表示されている場合はクリックします。表示されていない場合は、「すべてのプログラム」をクリックして「Microsoft Office Word」を選択します。

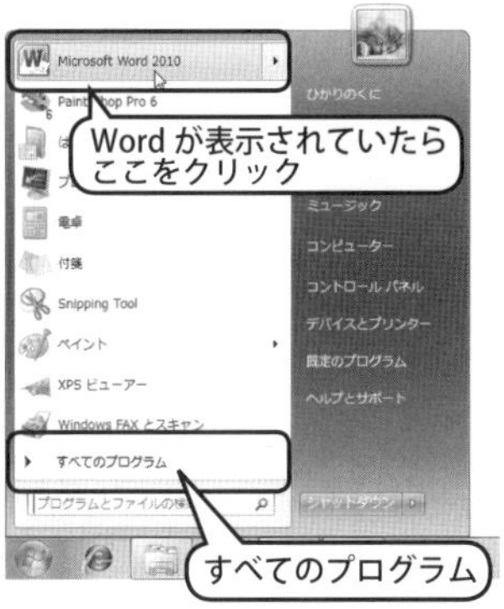

★ インストールの方法によって、「すべてのプログラム」で表示される内容は異なります。

② 新規文書（文書１）が表示されます。

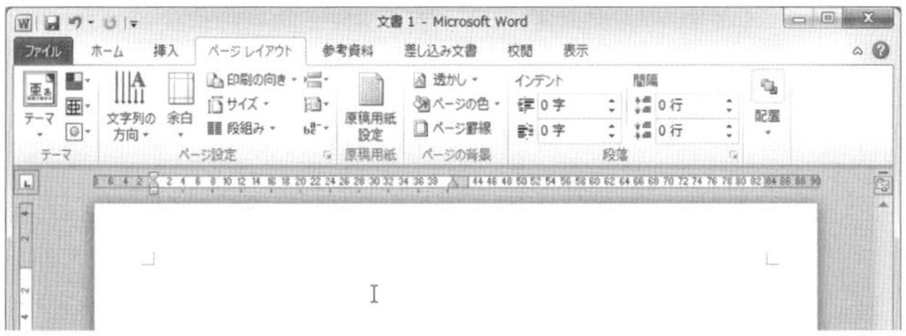

mac 2011

① Mac OS X Dock で Word を クリックして起動します。

② 「ファイル」メニューの「新規作成」をクリックすると新しい空白の文書が表示されます。

2.「ページ設定」の画面を開く

Word の既定は、A4 用紙・縦です。ページ設定は、いつでも変更できますが、最初に決めておくとレイアウトしやすくなります。

① リボンの「ページレイアウト」タブをクリックし、「ページ設定」グループ右下のボタン をクリックします。

★ 「ページ設定」グループの各ボタンでも設定できますが、「ページ設定」の画面を使用すると一度に複数の設定ができます。

2003

「ファイル」メニューから「ページ設定」をクリックします。（右図）

mac 2011

「ファイル」メニューから「ページ設定」をクリックします。

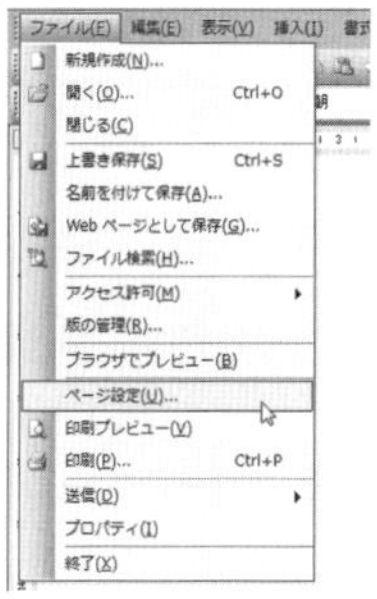

3. 用紙サイズを決める

「ページ設定」の画面の「用紙」タブをクリックします。

「用紙サイズ」ボックスをクリックして用紙サイズを選択します。

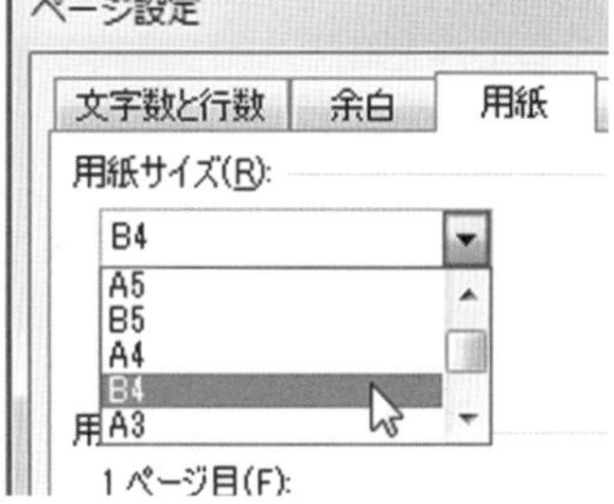

4. 余白と印刷の向きを決める

①「ページ設定」画面の「余白」タブをクリックします。

②「印刷の向き」オプションで用紙の方向をクリックします。B4 用紙、横置き、2 段組の場合は「横」を選択します。

③「余白」を mm 単位で設定します。上下左右のボックスに直接入力するか、 をクリックして数値を設定します。

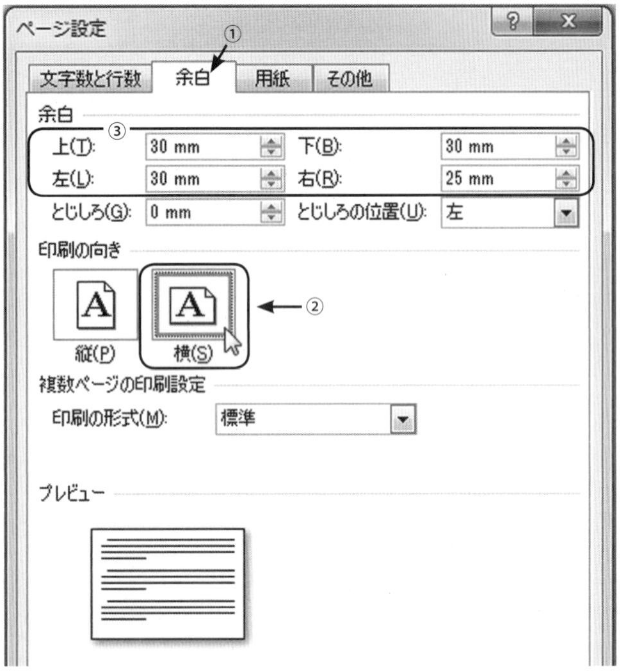

ワンポイント！ －段組み設定

「クラスだより」のように、用紙を横向きにして、左右にページを分けるには、「ページ設定」で「段数」を「2」に設定します。段と段の間隔を調整するには、「レイアウト」タブの「ページ設定」グループの「段組」をクリックして「段組の詳細設定」を選択すると、下図の「段組み」の画面が開きます。

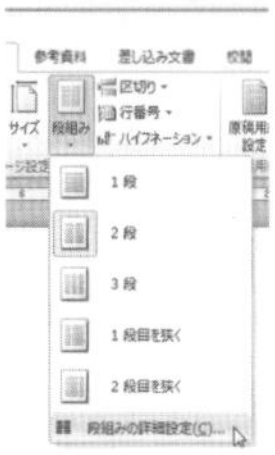

「段の幅と間隔」オプションは、文字数の 他、「30mm」 というように単位を入力して設定することができます。

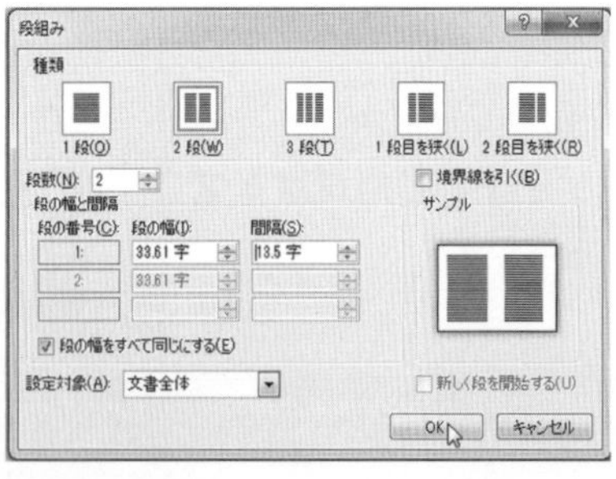

5. 文字の方向と段組数を決める

「ページ設定」画面の「文字数と行数」タブをクリックし、次のような設定をします。

①【文字方向】
方向　縦書きか横書きを選択します。
段組　既定値は「1」段ですが、左右の 2 段組にする場合は、「2」に設定します。

②【文字数と行数の指定】
既定値は「行数だけを指定する」が選択されているので、下の「行数」が設定可能になっています。

③【文字数】
「文字数と行数を指定する」を選択すると入力可能になります。ここでの設定で、基本の文字間隔が決まります。

④【行数】
ここでの設定で、行間（行と行の間隔）が決まります。

⑤【フォントの設定】ボタン
クリックすると、基本のフォントとフォントサイズなどを設定できる画面が表示されます。

設定が終わったら「OK」ボタンをクリックします。

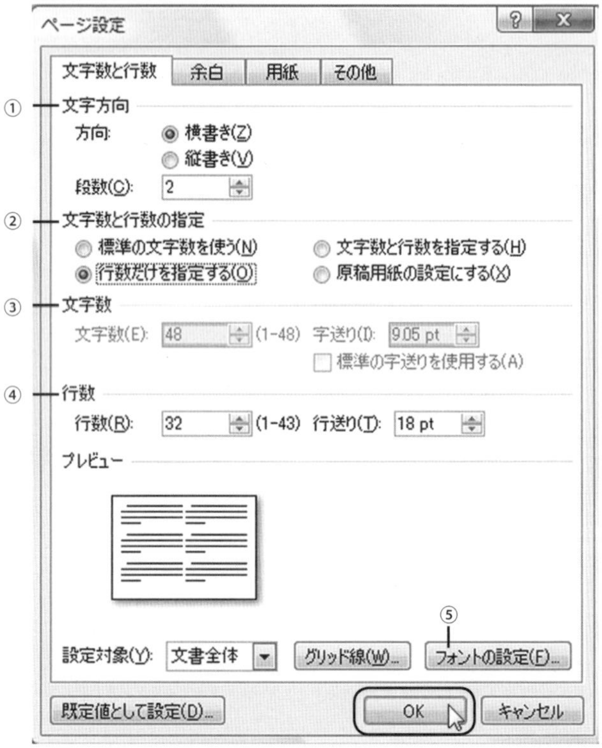

★ これで基本の形ができあがりました。
P110 ～ P120 を参照して、文字やイラストをレイアウトしてオリジナルおたよりを作ってくださいね！

テキストボックスを使いこなそう

テキストボックスは、本文の文章とは別に、好きな場所に囲み文を配置できる便利な図形のひとつです。

1. テキストボックスの新規作成

① リボンの「挿入」タブにある「図形」ボタンをクリックし、リストから「基本図形」グループの「テキストボックス」をクリックします。

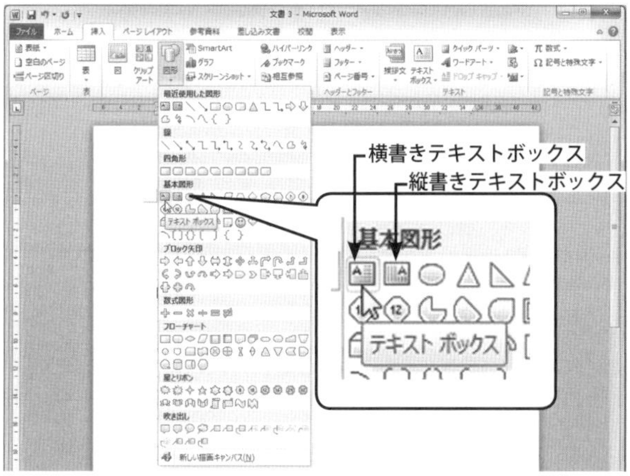

★「挿入」タブの「テキスト」グループにある「テキストボックス」は、書式設定済みのテキストボックスを選ぶことができます。

② マウスポインタが＋に変化するので、テキストボックスを作りたい場所をクリックしたまま右下方向にドラッグし、適当な大きさになったら指を離します。

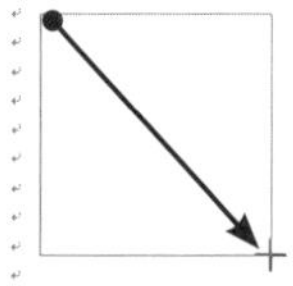

★「Shift」キーを押しながらドラッグすると正方形を作ることができます。

2003

①「挿入」メニューから「テキストボックス」－「横書き」または「縦書き」を選択します。

② 右図のような描画キャンパスが表示されるので「Esc」キーを押して削除します。

③ テキストボックスを描画します。

「Esc」キーを押す

mac 2011

ホーム タブの「挿入」で「テキストボックス」の▾をクリックし、「横書き」または「縦書き」を選択します。

2. テキストボックスの書式設定

テキストボックスが選択されていると、リボンに「描画ツール」の「書式」タブが表示され、外枠の線種を変えたり、影を付けたりするなどの書式を設定することができます。

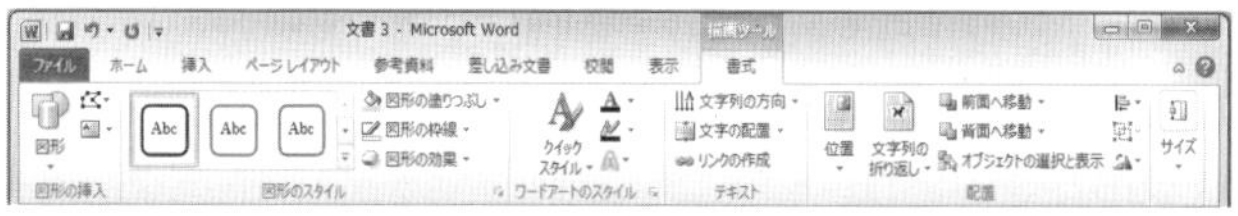

2007

Word 2010の「互換モード」とWord 2007では、テキストボックス選択中はリボンに「テキストボックス ツール」が表示されます。

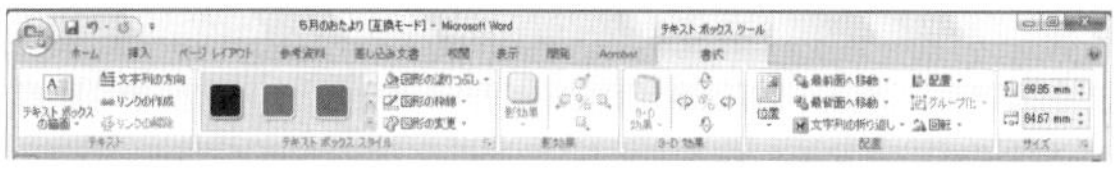

2003

テキストボックスの外枠をダブルクリックすると「図の書式設定」の画面が表示されます。

mac 2011

テキストボックスを選択し、「図の書式設定」タブをクリックします。

3. テキストボックスの枠線を消す

① テキストボックスを選択します。

② リボンの「描画ツール」の「書式」タブの「図形の枠線」をクリックし、「線なし」を選択します。

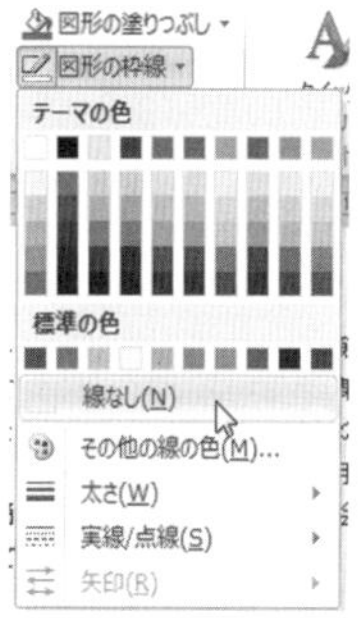

2003

テキストボックスの外枠をダブルクリックして「図の書式設定」の画面を表示し、「色と線」タブ「色」の▾をクリックして「線なし」を選択します。

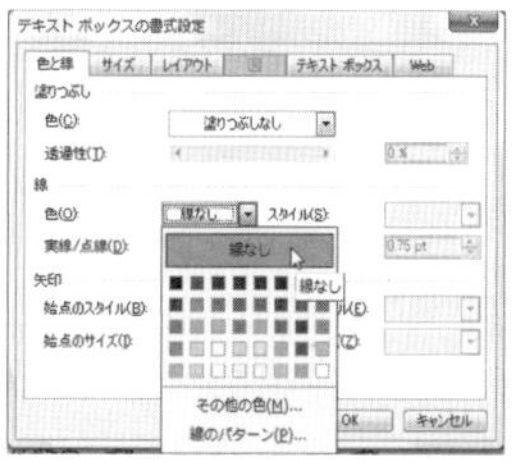

mac 2011

テキストボックスを選択し、「図の書式設定」タブをクリックします。「テキストボックスの色」にある「図形の枠線」の▾をクリックして「線なし」を選択します。

4. テキストボックスの削除

テキストボックスのを外枠をクリックして「Delete」キーを押します。

5.「吹き出し」の作り方

「挿入」タブの「図形」ボタンのリストには、いろいろな図形が並んでいます。

「吹き出し」グループの図形は、テキストボックスと同じ操作で作成し、中に文字を入力することができます。

① 「挿入」タブの「図形」ボタンのリストから「吹き出し」の図形をクリックします。

② マウスポインタが＋に変化するので、作りたい場所をクリックしたままマウスを右下方向にドラッグし、適当な大きさになったら指を離します。

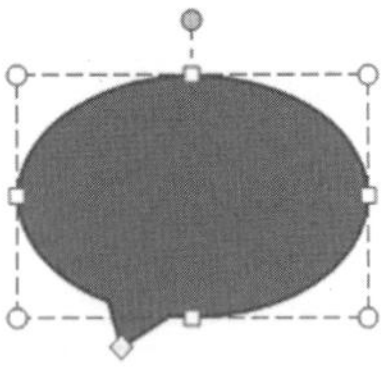

③ 文字入力のカーソルが点滅しているので、文字を入力します。

③ 「図形のスタイル」グループのツールで枠線や塗りつぶしなどの書式を変更します。

★ 互換モードの場合または Word 2007 は「テキストボックス スタイル」

④ 吹き出し口の黄色いハンドル◇をクリックして任意の方向にドラッグします。

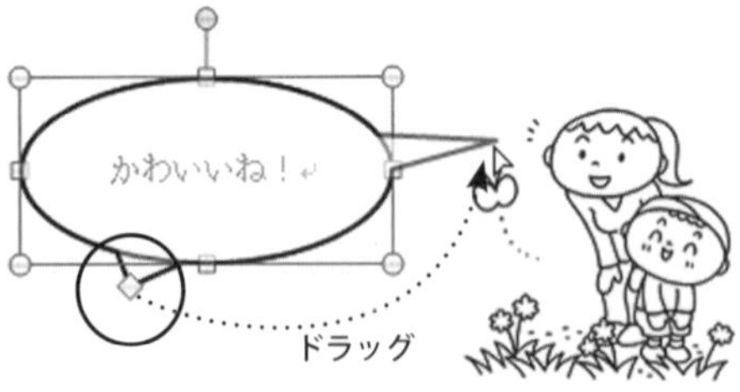

6. 図形に文字を入力する

「吹き出し」以外の図形に文字を入力するには、図形の上でマウスの右ボタンをクリックし、メニューから「テキストの追加」を選択します。図形内にカーソルが点滅し、文字を入力できるようになります。

2003

画面下にある「図形描画」ツールバーの「オートシェイプ」をクリックして図形を選択します。

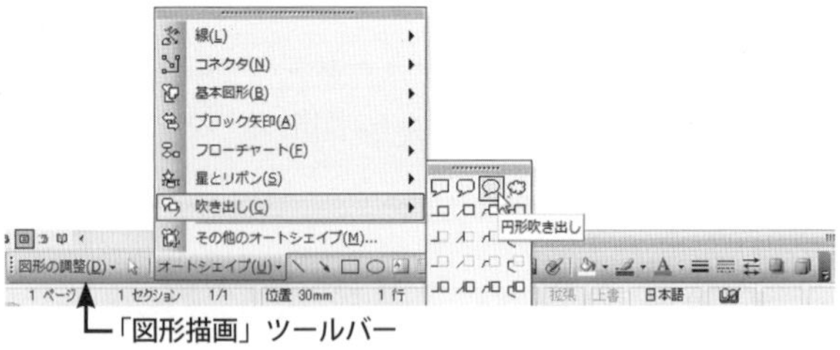

mac 2011

「ホーム」タブの「挿入」にある「図形」の▾をクリックして図形を選択します。

テキストボックスやイラストの文字列の折り返し

「文字列の折り返し」は、イラストやテキストボックスなどの図と文字とのの関係を設定するものです。イラストなどの図を挿入した場合は、「行内」が既定となっています。

※ Word 2003 以前は「テキストの折り返し」と呼びます。

【行内】

図を文字と同じように扱います。文章中に図を挿入したり、段落設定の「中央揃え」や「右揃え」などが使えます。

【四角】

文字列が図の周囲を四角く囲むように沿って配置されます。テキストボックスを使わずに、Word に直接文字を入力した場合によく使用されます。

【外周】

文字列が図の形状に沿って配置されます。外周は、「文字列の折り返し」メニューにある「折り返し点の編集」で調節することができます。

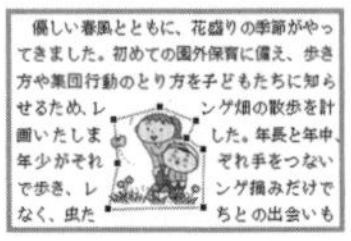

【背面】

図が文字列の背面に配置されます。背面に指定すると、クリックして選択しにくくなるので、文書作成の最後に指定しましょう。

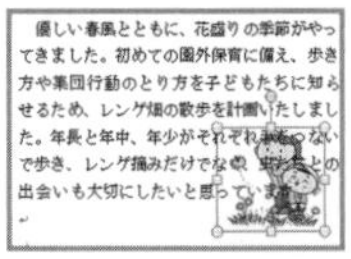

【前面】

図が文字の前面に配置されます。文字や段落に影響されないので、自由にレイアウトできます。CD-ROM に収録されているテンプレートのイラストは、ほとんど「前面」に設定されています。

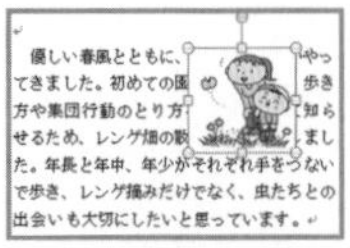

【上下】

文字列が図の上下に分かれて配置されます。

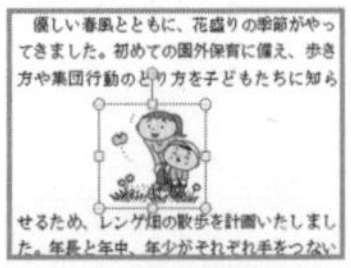

【内部】

図が「外周」と同じように配置されますが、「折り返し点の編集」でイラスト内部にも文字列を表示できます。

イラストや写真を トリミングする

図や写真などの不要な部分を取り除くことを「トリミング」と呼びます。Word の「図ツール」を使えばカンタンです！

① トリミングしたい図や写真を選択し、「図ツール」の「書式」タブをクリックします。

② 「サイズ」グループの「トリミング」ボタンをクリックすると、図にトリミング ハンドルが表示されます。

③ ハンドルにポインタを合わせるとポインタの形が変化するので、トリミングしたい部分までドラッグします。

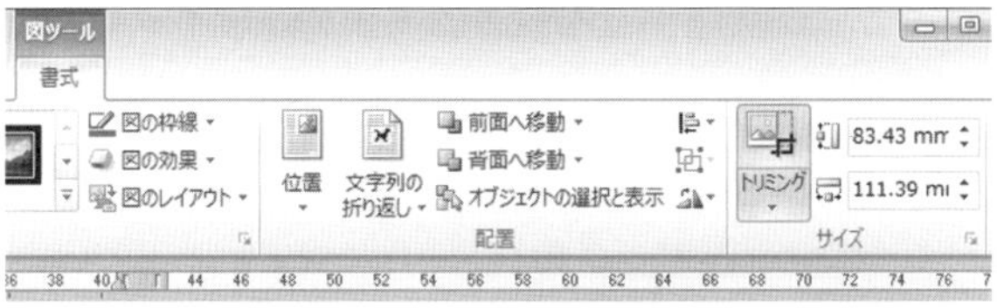
図ツール
書式
図の枠線
図の効果
図のレイアウト
位置
文字列の折り返し
前面へ移動
背面へ移動
オブジェクトの選択と表示
配置
トリミング
83.43 mm
111.39 mm
サイズ

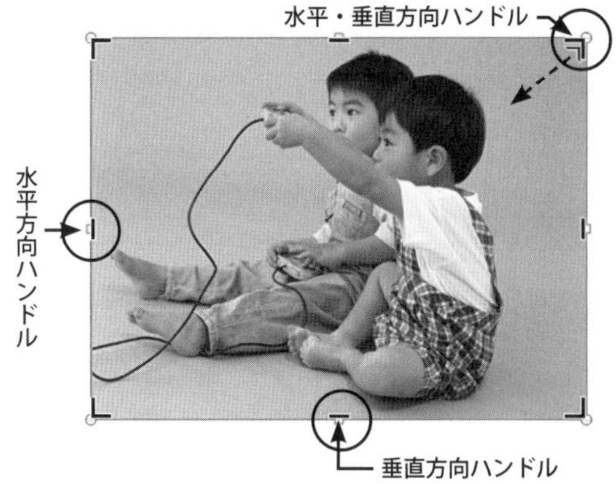
水平・垂直方向ハンドル
水平方向ハンドル
垂直方向ハンドル

④ 右図は、トリミングができた状態です。

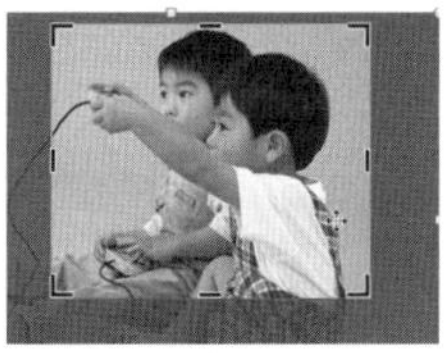

⑤ リボンの「トリミング」ボタンをクリックするか、図以外の場所をクリックするとトリミングが確定します。

2003

図を選択したときに表示される「図」ツールバーの「トリミング」ボタンをクリックします。

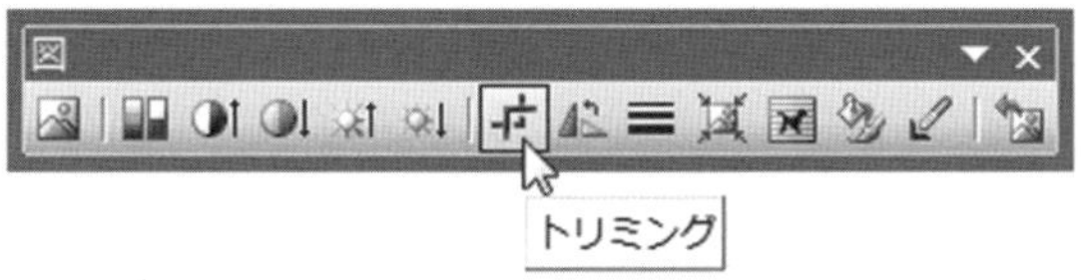
図
トリミング

図の背景色を削除する

CR-ROM に収録されているイラストには、白の背景色がついています。色のついた図形と重ねる場合などは、背景色を透明化して削除することができます。

①背景を削除する図を選択します。②「図ツール」の「書式」タブ「調整」グループの「色」をクリックし、③「透明色を指定」を選択します。マウスポインタが ✎ に変化するので、④イラストの背景の白い部分をクリックします。

透明化.docx - Microsoft Word
図ツール
ファイル
ページレイアウト
参考資料
差し込み文書
校閲
表示
書式
②クリック
背景の削除
色
色の彩度
色のトーン
色の変更
図の枠線
図の効果
図のレイアウト
①クリック
③クリック
④クリック
その他の色(M)
透明色を指定(S)
図の色のオプション(C)...

★ 透明にできる色は 1 色のみです。
★ Word 2010 では、「背景の削除」ツールで削除領域を詳細に設定することができます。

2007

「図ツール」の「書式」タブ「調整」グループにある「色の変更」をクリックします。「透明色を指定」を選択して、背景の白い部分をクリックします。透明色にできるのは 1 色のみです。

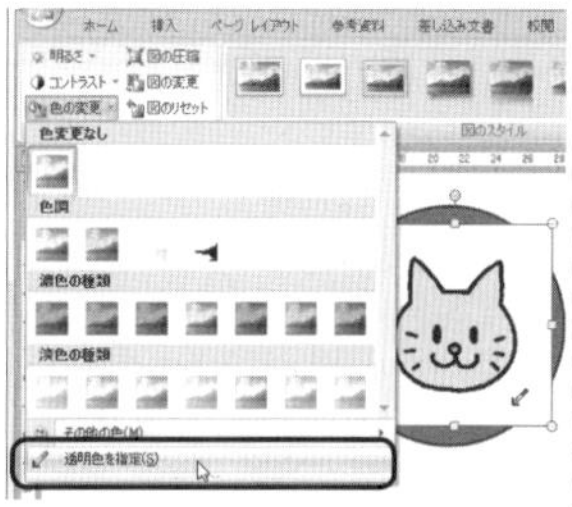

2003

「図」ツールバーの「透明な色に設定」をクリックし、背景の白い部分をクリックします。透明色にできるのは 1 色のみです。

mac 2011

「図の書式設定」タブの「調整」▾にある「透明色の指定」をクリックします。

調整
トリミング
リセット
書式
色の変更
透過性

Word のギモン Q&A

Word を使っているときに出てくるふとした「ギモン」に、ズバリお答えします！

Q1 フォルダのアイコン表示を変えたい

A1 フォルダウィンドウ内のアイコン表示は、メニューの「表示」ボタンで切り換えることができます。ここでは「並べて表示」で説明しています。

Windows Vista

フォルダウインドウのツールバーの「表示」ボタン横の をクリックして「並べて表示」を選択します。

Windows XP

フォルダウインドウのツールバーにある「表示」ボタンをクリックして、「縮小版」に指定するとイラストを表示できます。

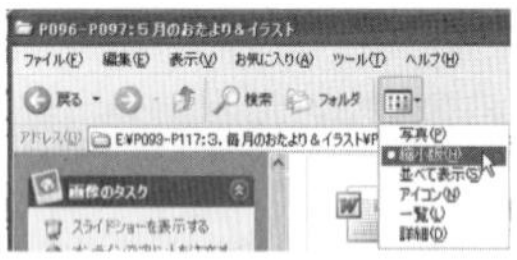

Mac OS X

Finder ウインドウのツールバーにある「アイコン表示」をクリックします。

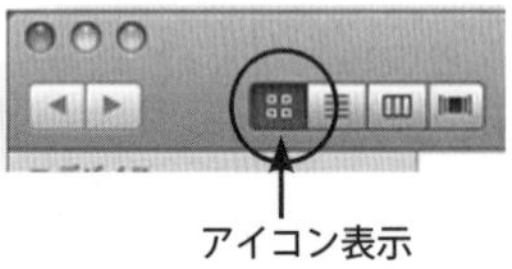

アイコン表示

Q2 ひとつ前の操作に戻りたい

A2 クイックツールバーにある「元に戻す」ボタン をクリックするたびに、ひとつ前の状態に戻すことができます。また、 をクリックすると、元に戻した操作をやり直すことができます。ボタン横の をクリックすると、過去の操作の履歴を確認しながら元に戻したり、やり直すことができます。

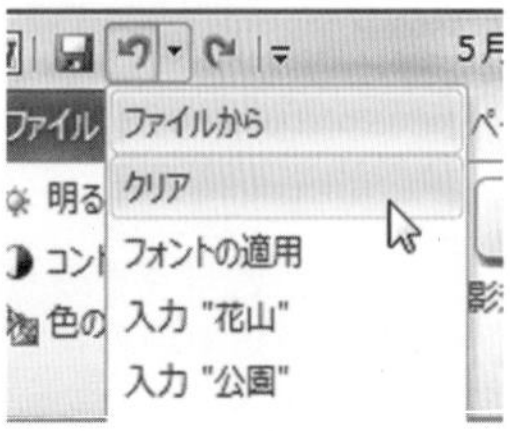

2003

標準ツールバーの「元に戻す」・「やり直す」ボタン

mac 2011

タブの上にある「標準」ツールバーの「元に戻す」・「やり直す」ボタン

Q3 用紙のサイズを確認したい

A3 リボンの「ページレイアウト」タブの「ページ設定」グループにある「サイズ」ボタンをクリックすると、設定されたサイズの左側がオレンジ色になっています。

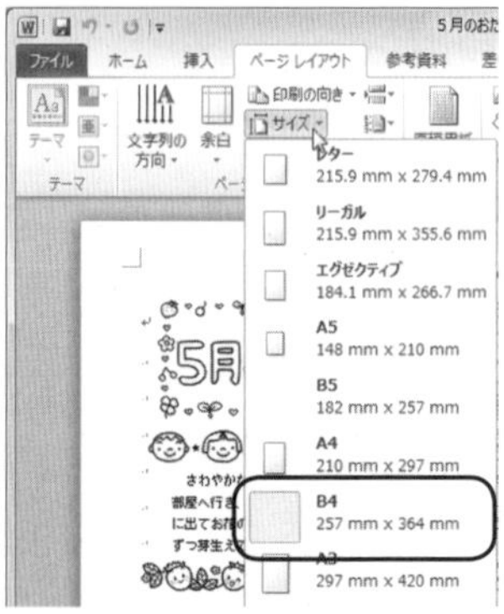

2003 / mac 2011

「ファイル」メニューから「ページ設定」を選択すると、「ページ設定」の画面が表示されます。「用紙」タブに切り替えて用紙サイズを確認します。

Q4 テキストボックスやイラストの重ね順を変更したい

A4 イラストやテキストボックス、図形などは、作成した順に上に重なっていきます。

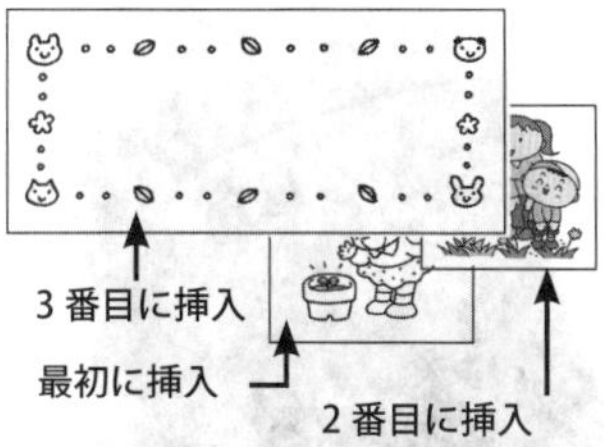
3 番目に挿入
最初に挿入
2 番目に挿入

イラストやテキストボックスの重ね順は、選択した状態で表示される「図ツール」の「書式」タブにある「配置」で変更することができます。

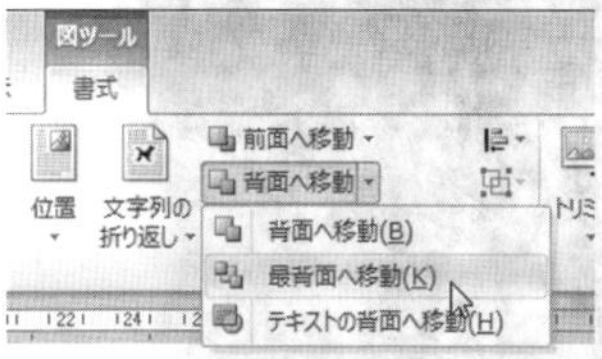
図ツール
書式
前面へ移動
背面へ移動
位置
文字列の折り返し
背面へ移動(B)
最背面へ移動(K)
テキストの背面へ移動(H)

背面にあるイラスト２つを「飾り枠」の上に移動するには、3 番目に挿入した「飾り枠」のイラストを選択して、リボンの「背面へ移動」の ▾ をクリックして「最背面へ移動」を選択します。

飾り枠を最背面に移動する

2003 「図形描画」ツールバーの「図形の調整」－「順序」

★ Word 2003 では「図形描画」ツールバーは画面の下部に表示されます。

Q5 イラストや図を回転させたい

A5 イラストや図形をクリックして選択したときに緑色の回転ハンドル●が表示される場合は、ハンドルにマウスを合わせてクリックし、そのまま左右にドラッグして回転することができます。

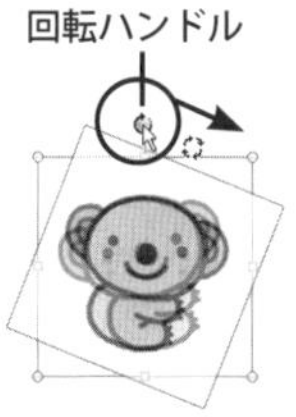
回転ハンドル

また、「図ツール」の「回転」ボタンをクリックすると「右へ 90 度回転」「上下反転」など、回転方法をメニューから選択することができます。

右へ 90 度回転(R)
左へ 90 度回転(L)
上下反転(V)
左右反転(H)
その他の回転オプション(M)...

★「文字列の折り返し」が「行内」に設定されていると回転ハンドルは表示されません。

2003

「図形描画」ツールバーの「図形の調整」をクリックし、「回転 / 反転」にマウスを合わせて回転方法を選択します。

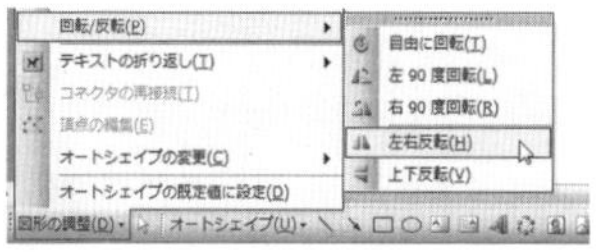
自由に回転(T)
左 90 度回転(L)
右 90 度回転(R)
左右反転(H)
上下反転(V)

★ テキストボックスは回転することができません。文字を回転したり、デザイン文字を作成するには、「挿入」タブにある「ワードアート」使ってみましょう！（Word 2003 では、「挿入」メニューの「図」-「ワードアート」を選択します。）

クラスだより

監修◆阿部直美（乳幼児教育研究所）
STAFF◆協力／乳幼児教育研究所
◆イラスト／加藤直美・くるみれな・高橋雅彦・つかさみほ・廣瀬厚子・町田里美・みさきゆい・やまざきかおり・吉川めり子
◆本文レイアウト・レーベルデザイン・編集協力／つかさみほ　◆レーベルイラスト／くるみれな
◆企画編集／橋本啓子・安藤憲志　◆校正／堀田浩之　◆協力／[illegible]
CD-ROM 制作◆日本写真印刷株式会社

※CD-ROMは、ここから開けてご使用下さい。
※CD-ROM使用に際しては、108ページを必ずお読みください。

0・1・2歳児のイラスト＆文例集　CD-ROMつき

2011年2月　初版発行
2021年7月　第6版発行

監　修　阿部 直美
発行人　岡本　功
発行所　ひかりのくに株式会社
〒543-0001　大阪市天王寺区上本町3-2-14　郵便振替 00920-2-118855　TEL 06-6768-1155
〒175-0082　東京都板橋区高島平6-1-1　郵便振替 00150-0-30666　TEL 03-3979-3112
ホームページアドレス　https://www.hikarinokuni.co.jp
印刷所　NISSHA株式会社

Printed in Japan
ISBN978-4-564-60782-0
NDC376 128P 26 × 21cm